KB082007

자기 부정을
이겨 낸
타오 이야기

자기 부정을 이겨 낸 타오 이야기

발행일 초판 1쇄 발행 2023년 7월 5일 | **지은이** 박정혜 | **펴낸이** 최현선 | **펴낸곳** 리커버리 |
주소 경기도 시흥시 배곧4로 32-28, 206호 (그랜드프라자) | **전화** 070-7818-4108 |
이메일 recovery_a@daum.net

ISBN 979-11-982606-3-5(03180) | Copyright ⓒ박정혜, 2023

책값은 뒤표지에 있습니다. 잘못 만들어진 책은 구입하신 서점에서 교환해드립니다.

 회복을 위한 책의 모든 것, 리커버리

자기 부정을
이겨 낸
타오 이야기

'화'를 품고 살았던 타오가
자신을 용서하고 삶을 긍정하게 된
기적 같은 열 번의 만남!

박정혜 지음

이 글에 나오는 인물들은 심상 시치료 프로그램에 직접 참여하였으며 본문의 내용은 사실에 근거하여 진솔하게 기록하였습니다. 참여자들의 동의를 얻어 책으로 엮었으며, 이름은 가명을 사용하였습니다. 참여자들을 보호하기 위해 개인적 상황은 다소 각색하였으나 모두 사실임을 밝힙니다.

빛을 향해 걸어가는 마음여행

마음속 내면의 빛을 찾은 치료사가 있습니다. 그 역시 과거 어둠의 시절에 갇혀 지낸 적이 있습니다. 어둠 속 두려움과 고통을 아프게 경험했기에 삶의 어둠에 갇혀 고통 받고 있는 사람들의 마음을 누구보다 잘 이해합니다. 그는 어둠 속 두려움에 갇히지 않았고 마침내 마음속 깊은 곳에 항상 빛나고 있었던 치유의 빛을 발견하였습니다. 기쁨과 감사와 감격의 순간이었겠지요. 시인과 소설가였고, 간호사와 문학치료학 박사였던 그는 '심상 시치료'라는 통합적 치료 방법을 창안하여 내면의 빛을 찾도록 도와주는 심상시치료사, 내면의 빛 탐색자요 안내자로서의 소명을 감당하고 있습니다.

'타오 이야기'는 자기를 부정한 채 살며 죽고만 싶었던 타오가 떠난 마음속 여행 기록입니다. 죽고만 싶었던 희망 없는 삶에서 긍정의 시선으로 희망을 향한 빛으로 안내한 이야기입니다. 타오의 마음여행은 값비싼 세계 일주 여행보다 훨씬 더 큰 행복과 즐거움, 삶의 의미와 가치를 선사했을 것입니다.

부정의 세계에 갇혀계신 분들, 마음속 빛을 찾고 싶은 분들, 심리치료와 상담을 하고 계신 분들에게 적극 추천하고 싶은 책입니다. 마음여행 기록을 보는 분들도 타오와 같이 내면 깊이 감춰져 있는 긍정의 빛을 찾는 기쁨과 평화를 누리시길 바랍니다.

김춘경(경북대학교 생활과학대학 학장 & 대한문학치료학회 학회장)

내 마음의 빛을 찾아 가는 마음여행

인간의 마음은 우주와 같이 무궁합니다. 누구도 마음을 완벽하게 탐험할 수는 없습니다. 다만 짐작하고 더듬어갈 뿐입니다. 그렇지만 터널을 통과하면서 끝에 다다를 즈음 빛이 쏟아지는 것처럼 어느 순간 깨닫게 됩니다. 터널 안에서는 참으로 아득하기 이를 데가 없습니다. 이 책은 삶의 무수한 여행 중에서 특히 자신을 부정했던 삶의 경험을 담은 기록입니다.

삶의 의미를 발견하지 못한 채 아무렇게나 일상을 살아야 했던 타오, 심지어 삶을 마감하고자 숱한 시도를 했던 타오의 모습에서 희망 없는 삶을 보게 됩니다. 늘 힘들고 어둡기만 했던 마음 정중앙에 사실은 숨겨진 긍정의 빛을 간직하고 있었다는 사실을 깨달은 후에야 타오는 비로소 희망을 발견하기 시작합니다. 풀리지 않았던 삶의 비밀을 풀어낸 타오의 이야기는 이 글을 읽는 분들의 또 다른 내면의 나일 수 있습니다.

진솔한 마음 여행기를 통해 미처 알지 못했던 내 마음도 함께 탐험하고 싶은 분한테 안성맞춤인 책입니다. 부디 부정적인 생각으로 하루하루를 의미 없이 사는 분이 계시다면 꼭 읽어 보시기를 권합니다. 더불어 전인격 치유에 대해 깊이 고민하는 상담사들에게도 반드시 읽어 볼 것을 권합니다. 자 그럼, 책장을 열고 마음 여행을 떠나볼까요?

천영훈(인천 참사랑병원장, 정신건강의학과 전문의)

들어가는 글

타오는 노숙인입니다. 노숙인들 대부분이 그렇듯이 거리에서 생활한 것이 10년도 더 되지요. 한때 돈을 번 적도 있었지만, 오래가지는 못했습니다. 타오는 노숙인 자활 시설에서 기거하고 있습니다. 그런 상황들만 곤란한 것이 아닙니다. 더 큰 문제는 자살 충동입니다. 숱하게 자살을 시도해왔고, 자살 사고에 빠져 있습니다. 이제, 이 이야기는 다르게 써져야 합니다.

타오는 노숙인이었습니다. 현재는 아닙니다. 원룸이긴 하지만, 버젓한 집이 있으니까요. 육체노동을 주로 하지만, 일하고 정당한 대가를 받으며 살아가고 있지요. 꽤 오랫동안 자살을 시도해왔고, 자살 사고가 떠나지 않고 타오를 괴롭혀왔던 것도 사실입니다. 그렇지만 이제 그런 것은 옛말이 되고 말았습니다. 타오는 환한 표정으로 자신감 있게 행동합니다. 예전에는 철저히 혼자라는 생각과 점점 망가져 가는 것이 자신의 삶이라고 생각했지요. 지금은 아닙니다. 자기 안에서 자신을 위로해주는 존재로부터 격려와 에너지를

들어가는 글

받고 있으니까요. 어떻게 살아야 할지에 대해 진지하게 고민하고, 그렇게 생각한 것을 실천에 옮기려고 하지요.

　도대체 어떤 일이 일어났을까요? 같은 타오를 말하지만, 동시에 같은 타오가 아닙니다. 새롭게 다시 태어났다고 해도 과언이 아닐 정도이지요. 게다가 매 순간 다시 태어나고 있습니다. 새로운 선물처럼 주어지는 시간의 속성을 알아차리면 누구나 그렇게 되듯이요. 케케묵은 타오의 정체성과 습관, 고통과 아픔, 피해 가득한 사고들을 세탁기에 돌려서 깨끗하게 빨기라도 했단 말인가요? 어떻게 이런 일이 가능하게 된 걸까요?

　모든 문제에 답이 있는 것처럼, 타오도 그렇습니다. 아버지의 자살을 목격했던 중학교 2학년 때로부터 한 걸음도 나가지 않았던 타오. 물리적 나이는 쉰을 넘겼지만, 마음의 나이는 열다섯 살이었습니다. 놀라고 외롭고 슬프고 아팠던 상처가 가득한 소년에 머물러 있었지요. 아주 오랫동안 그런 자신을 꾹 눌러놓고 살아왔지요. 과거의 타오를 만나서 진심 어린 위로를 해주는 것, 이미 돌아가신 아버지를 이 땅으로 잠시 불러와서 아버지와 화해하는 것은 탁월한 체험이었습니다. 그것은 3차원적인 홀로그램 기술이 아니라 인간만이 가지고 있는, 차원을 초월한 '영혼'을 활용해서 진행한 심상 시치료로 이뤄졌지요. 그리하여 물리적이고 기계적인 장치가 아니라 마음과 영혼의 자연스러운 흐름으로 온전히 치유를 경험할 수 있었습니다. 찌푸리고 굳은 표정을 짓던 타오는 자주 호탕하게 웃는 환한 타오가 되어갔습니다.

삶을 포기하려고 하는 이들은 우울에 빠져 있기 마련입니다. 우울은 '화'의 두 가지 얼굴의 하나입니다. '화'가 내면으로 들어가서 자신을 괴롭히는 것이 바로 '우울'이지요. '화'가 밖으로 나오면 폭력이 되는데, 자신 안에서 지독한 폭력을 휘두르는 것이 바로 '자살'입니다. 그러니, 자살 사고나 자살 충동이 있는 이들은 하나같이 '화'를 안고 있습니다. 그들뿐만 아닙니다. 우리는 살아가면서 무수히 많은 '화'를 만납니다. 세상이 내 뜻대로 되지 않고, 타인도 그러하며 심지어는 나 자신마저도 내 마음대로 잘되지 않습니다.

화를 오랫동안 누른다고 해서 화가 사라지지도 않습니다. 오히려 오래된 화들은 잠시라도 경계가 느슨해진 틈을 타서 불쑥 튀어 오르기 일쑤이지요. 그것이 난폭한 언행으로 드러나기도 하고, 타인이나 자신을 괴롭히기도 합니다. '화'는 그야말로 마음에 붙은 불이어서 더 탈 것이 없을 때까지 활활 타오르게 됩니다. 게다가 근처에 있는 이한테 옮겨붙게 되지요. 화풀이를 해 보지만 화는 꺼지지 않고, 오히려 불어납니다. '화풀이'라는 말은 애초에 이치에 맞지 않는 말이지요. 풀어지기는커녕 더 맹렬하게 불타오르고 맙니다.

화를 다스리는 일은 스트레스를 다스리는 일, 또 그것은 인격을 가다듬는 일이고 성숙해가는 길이기도 하지요. 일상생활 속에서 불 거지는 화를 다스리는 것도 중요하지만, 치명적인 과거의 사건으로 인한 화는 대개 삶 속에 치명적인 그물망을 쳐놓게 됩니다. 거기에 자꾸만 걸려서 넘어지고, 다치고, 상처를 입거나 자신의 삶을 절망으로 낙인찍게 되지요. 치명적인 화를 찾아내어 제대로 불을 꺼야 합니다. 불을 끄는 것은 어렵지 않아서 오히려 어렵습니다.

'마음의 불을 끄는 것'은 용서와 이해, 사랑으로 인해서 할 수 있습니다. 이 어렵지 않은 행위는 머리가 아니라 가슴으로, 가슴에서 실제로 행해야 하니 어렵습니다. 그러니 화를 다스리는 것은 타오르는 불길 속에 물을 끼얹는 것입니다. 모든 것을 다 받아들이는 바다를 가져오는 것입니다. 찬란하게 붉은 아침과 저녁 노을빛을 골고루 담아낸 바다의 에너지를 마음에 담는 것입니다. 누군가는 혼자서는 도저히 할 수 없기도 합니다. 자신도 모르는 사이에 너무 오랫동안 '화'에 초집중해서 살아왔다면, 여간해서는 화의 맹렬한 불길을 잡을 수가 없지요. 타오는 스스로 마음의 불길을 잡는 소방관이 되어 화재를 진압했습니다. 불이 난 마음을 들여다보는 것, 얼른 꺼야 한다는 사실을 알아차리는 것, 바닷물을 끌어오는 법, 실제로 불과 물이 만나게 하는 것, 마음에 불보다 물을 더 많이 붓는 것을 심상 시치료사와 함께 해냈습니다.

자기 부정을 이겨 낸 타오 이야기

노숙인이었던 타오 이야기는 의미 깊은 타인과 또, 귀중한 의미 그 자체인 자신과 화해하고 용서하는 길을 안내해줄 것입니다. 아마도 당신은 마음의 불길이 잡힌 땅에서 기적처럼 자라나는 새싹들, 풀꽃들의 허밍도 들을 수 있을 테지요.

2023년 6월
박정혜

목 차

추천사 하나 6
추천사 둘 7

들어가는 글 9

프롤로그
　— 자기를 부정하는 타오 19

첫 번째 만남
　— 일부러 핸들을 꺾었어요 31

두 번째 만남
　— 벗어날 수 있을 것 같아? 47

세 번째 만남
　— 어리석은 아이 같아요 69

네 번째 만남
　— 꽃을 든 남자, 타오 89

다섯 번째 만남
　— 아이 캔 두 잇! 109

여섯 번째 만남
　— 삶이 힘든 것은 맞지만 131

일곱 번째 만남
　— 뭔가를 하게 되더라고요 159

여덟 번째 만남
　— 기쁨을 주는 사람 183

아홉 번째 만남
　— 하늘이 알고 땅이 안다 203

열 번째 만남
　— 왠지 그러면 안 될 것 같은 227

나가는 글
　— 마음 여행의 터널을 빠져나오며 245

프롤로그

자기를 부정하는 타오

노숙자 자활 시설에서 연락이 왔다. 개인치료 10회기를 해달라는 요청이었다. 그곳에서 2년에 걸쳐 심상 시치료 집단치료를 한 적이 있다. 1년에 총 32회기 정도로 진행했는데 참여자들은 들쑥날쑥했다. 그래도 꾸준하게 참여했던 이들은 대략 7명 정도였다.

　몇몇 인상적인 이들이 기억에 남는다. 그 시설은 남자들만 기거하고 있다. 사십 대 중반의 한 참여자는 시선을 잘 마주치지 않았다. 굳은 표정으로 주제와 상관없는 말을 하곤 했다. 첫 번째 만남 때 집단원들은 함께 지켜야 할 규칙을 설명한 대로 다들 잘 따라주었다. 함께한 약속 중 하나는 '경청과 배려를 해주세요!'였다. 비록 앞뒤가 맞지 않는 말을 하더라도, 무슨 말인지 모른다고 하더라도 반박하지 말아 달라는 거였다. 진행자가 판단해서 제지할 이유가 있을 때 진행자가 적절하게 분위기를 이끌겠다고 했다.

　심상 시치료의 독특한 기법대로 각종 예술 매체를 활용하여 프로그램을 진행했다. 한번은 한국화가인 벽강의 작품을 보여주고 느긴 점을 솔직하게 말해보자고 했다. 우주의 기운을 나타낸 그 그림에 대해 집단원들은 다채롭고 긍정적인 소감을 말했다. 유독 그분만 무섭고 두렵다고 했다. 괴물이 보인다는 거였다. 그런데도 한 번도 빠지지 않고 꼬박꼬박 참여했다. 회기를 마친 뒤 참여 소감 또한 독특했다. "머리가 가벼워졌어요. 비워지고 정리가 되었습니다." 라고 했다. 매번 똑같이 그렇게 말했다. 지리멸렬하고, 상황에 맞지 않는 말을 하는 것도 조금씩 나아져 갔다. 1년이 지난 뒤에는 시설을 떠났다.

늘 똑같은 스트라이프 티셔츠를 입고 있던 분도 있었다. 스스로 정했던 '제이'라는 애칭으로 불렸다. 곧잘 맥락에 맞지 않는 엉뚱한 말을 잘했지만 하도 잘 웃어서 농담처럼 슬쩍 화제를 넘기곤 했다. 건장한 신체에 훤칠한 키와 이목구비가 뚜렷한 오십 대였다. 그어떤 말을 해도 결론은 같았다. 세상에 두 종류가 있는데 한 부류는 인간을 조종하는 악의 세력이고, 나머지 한쪽은 이에 당하는 쪽이라고 했다. 이 분명한 이분법적인 구조에 의해 자신은 당하는 쪽에서 피해를 봤다고 했다. 그 분명한 논리는 바뀌지 않았고 한번은 흥분한 채 악의 세력을 '사술을 쓰는 못된 놈'이라고 언성을 높이기도 했다. 하도 같은 옷을 입어서 다른 집단원 몰래 옷을 사드려도 소용없었다. 선물로 받은 옷 위에 역시 스트라이프 티셔츠를 걸쳤다. 더운 여름이었지만, 아랑곳하지 않았다. 그러던 그도 점차 세상을 판가름 짓던 팽팽한 밧줄을 놓았다. 자작시를 쓰는 날, 그는 '감

자기 부정을 이겨 낸 타오 이야기

사와 '희망', '소망'이라는 제목의 시를 짓기도 했다.

감사

– 제이

감사의 순간
사랑의 고리
소중하여라

희망

– 제이

사랑이 우는
깊은 사랑의 내음
행복이 흘러

소망

- 제이

아버지 생각
어머니의 마음
덕망의 부모

프로그램이 끝나고 나서 그분도 시설을 떠났다. 떠나기 전에 일용직 근로를 해서 자립할 수 있는 자금을 모았다고 한다.

그런 인연이 있던 곳이었다. 그렇게 2년 동안 노숙자들을 만나왔지만, 거기에 의뢰받은 주인공, 타오는 없었다. 타오는 최근 한 달 전에 들어왔다고 했다. 그는 한눈에 봐도 우울해 보였다. 시선 접촉은 아예 되지 않았다. 계속 고개를 숙이고 있었다. 어둠 저편으로 숨어든 것 같았다. 얼굴도 암울하고 굳어 있었다. 그 모든 악조건에도 불구하고 눈에 띄는 점이 있었다. 타오는 첫날부터 솔직했다. 주저하면서 눈치를 보지 않았다. 진지하고 골똘하게 집중하며 진심을 다하고 있었다. 심리치료 프로그램은 난생처음이라고 했다. 두 번 다시 오지 않을 독특한 기회를 잡고야 말겠다는 의지가 느껴졌다. 한마디로 하자면, 물에 빠져서 허우적거리다가 겨우 지푸라기 하나를 발견하고 잡는 듯했다. 그가 잡은 것이 지푸라기가 아니길, 제대

자기 부정을 이겨 낸 타오 이야기

로 빠져나올 든든한 버팀목이 되기를 바랐다.

많은 말들이 타오의 입에서 터져 나오며 여기저기 사방팔방 흩어졌다. 뜨겁게 달궈진 무쇠솥에 마구잡이로 튀어 오르는 강냉이 같았다. 방향을 잡아주지 않으면 튈 대로 튀어버려 솥 안에는 아무것도 남아있지 않을 것이다. 그렇지만 타오는 자아 방어의 끈을 적당히 놓고 있었다. 일부러 잘 보이려고 하지 않았고, 없는 것을 갖다 붙이지도 않았다. 감정이나 사고의 흐름이 종횡무진해서 어디로 갈지 자신도 모르게 헤매긴 했지만, 솔직했다. 그 진솔한 태도가 큰 몫을 하게 될 것이다. 좋은 예감이 들었다. 타오는 지금의 타오로 머물지 않을 것이다. 간절한 만큼 가야 할 방향으로 발을 내딛게 될 것이다.

자아 방어는 인간이 가지는 정신적 책략이다. 이 수법을 쓰지 않는 이는 아무도 없다. 쓰면서도 사실은 자신도 모르는 경우가 많다. '억제'를 제외하고는 모두 무의식에 뿌리를 두고 일어난다. 자아 방어를 하는 이유는 '불안' 때문이다. 정신적 측면에서 설명하자면 인간이 가진 성과 공격적인 쾌락적 욕망 덩어리인 원초아가 규범과 질서로 통제하는 초자아와 부딪히게 되면서 일어나는 감정이 바로 '불안'이다. 정신분석학적인 설명이 아니더라도 '불안'은 인간을 따라다닌다. 한 치 앞을 보지 못하는 것이 인간이다. 언제 어떻게 될지 도무지 모르는 인간의 숙명은 불안을 벗어날 수 없다. 그래서 누구나 자아 방어를 할 수밖에 없다. 문제는 지나치게 많이, 자주, 무분별하게 하는 것이다. 때와 장소를 가리지 않고 자아 방어를 지나치게 하게 되면, 병리적 시스템이 가동되고, 정신적인 위험에 처하게된다. 웃음이 나올 때 웃고, 울음이 터져나올 때 우는 것이 자연스럽다. 억압이 극심하게 되면 감정 표현을 삭제한다. 무감동, 무표정인 상태로 스스로 감정을 얼어붙게 한다.

정신건강의학과 병동에서 근무할 때였다. 당연하게 병동 내에서흡연은 금지되어 있다. 막 출근을 한 아침에 병동 문을 열자 한 여자 환자가 출입문 앞에서 버젓이 담배를 피우고 있었다. 그 모습을보고 놀란 내가 환자한테 지금 여기서 담배를 피우는 거냐고 했다.환자는 내가 그 말을 하기 직전에 피던 담배를 등 뒤로 돌려서 감췄다. 그러면서 고개를 갸웃거린 채 말했다. 지금, 담… 담, 그다음에 뭐라고 하셨나요? 담, 배라고 했나요? 그런 단어를 저는 처음 들어요. 그런 단어도 모르는데 제가 뭘 어떻게 했다고요? 여자는 농담하는 게 아니었다. 진지한 얼굴로 오른손에 담배를 들고 등 뒤로그 손을 숨긴 채 말하고 있었다. 이것이 자아 방어다. 이 기제를 많이 쓰는 사람은 불안이 줄어드는 것이 아니라 억지로 불안을 잠재운 까닭에 그 상황이 다시 불거질까 봐 불안하다. 그러니, 불안해서 방어기제를 쓰고, 그런 다음에도 여전히 불안이 따라온다. 그래서 더 두꺼운 방어기제를 쓰면서 동시에 얼어붙은 불안을 만난다.

자기 부정을 이겨 낸 타오 이야기

불안이 날뛸까 봐 행동은 금물이다. 마음은 늘 거울이고 세찬 바람이 휘몰아친다. 긴장하며 세찬 바람을 안고 가지만, 거센 바람을 몰고 온 것은 어떤 상황이 아니라 마음의 작용이다.

스스로 행복하다고만 말하는 이가 있었다. 늘 웃고 있었지만, 조급하고 초조해 보였다. 바닥이 드러날까 봐 전전긍긍하는 느낌이었다. 어떻게 지내냐고 하면, 일부러 크게 웃으며 말했다. 나야 늘 잘 지내지. 뭐, 고민도 없고 아쉬운 것도 없어. 그저 행복만 가득해! 나는 늘 행복해! 그러던 어느 날, 자신도 모르게 이 말이 튀어나왔다. 짜증 나서 죽겠네! 그렇게 하고 나서 얼음처럼 굳고 말았다. 그 말을 한 자신을 용서할 수 없다는 듯이 스스로를 노려보는 듯했다.

감정과 사고가 자연스럽다면 자연히 풀어진다. 용수철을 누르면, 당장은 얌전하게 가만히 있는 것 같지만, 나중은 어떻게 될지 감당할 수 없다. 계속 누른 채 살 수 없기 때문이다. 힘들어서 자신도 모르게 손을 치우는 순간 어디로 튈지 모르게 튀어 오른다. 흔히 하는 자아 방어기제 중에서 '억압'은 그렇게 일어난다. 억압은 사라지는 것이 아니라 반드시 돌아오게 된다. 후기 프로이트 학자인 자크 라캉의 말이다.

진솔하게 털어놓는 것은 쉽지 않다. 진심으로 털어놓는 말을 받아줄 대상이 궁하다. 그런 대상이 요행히 있다고 해도 눈치를 보게 된다. 상대방한테 잘 보이고 싶은 마음이 든다면, 내 진면목을 나도 모르게 숨기려고 할 수도 있다. 좋은 점만 보일 수 있도록 가면을 쓰게 된다. 그럴듯한 논리로 나를 합리화하고 핑계를 댄다. 내가 잘 되면 내가 잘해서이고, 내가 잘못되면 그런 짓을 저지른 상황이나 인물이 있다. 나는 잘하고 있는데 주위에서 못하는 것이다. 자신도 모르는 사이에 이런 정도의 투사도 이미 습관처럼 쓰기도 한다. 그런 자아방어기제를 벗어던지고 진솔하게 나를 보는 것이 '직면'이다. 직면은 아프고 힘겹다. 치졸한 자신을 바라볼 때의 고통은 치명적이다. 당장 세상에서 사라져버려야 할 대상이 바로 자신인 듯하다. 견딜 수 없는 그 수치심을 극복하고 자신을 안아주는 것이 '용서'다. 이 용서는 곧장 치유와 연결된다. 영혼을 최대한 갉아먹는 감정이 '수치감'이다. 살아있는 것 같지 않은 듯이 살아있는 상태가 수치감을 가진 삶이다. 마치 좀비같이 살아있어서 영혼은 썩어 문드러진 모습이 된다. 그런 수치감을 쓰다듬어 흔적을 지우는 것이 '용서'다. 자신을 연민의 감정으로 바라보는 것이 아니다. 공감과 동감의 기운으로 생기를 불러일으키는 것이 '용서'다. 용서는 스스로 갇힌 암흑투성이의 감옥 문을 열고 햇볕 속으로 나오게 한다. 환한 햇살을 받으며 성장하는 것이다.

장담하건대, 타오는 꾸밈이 없었다. 시선을 아래로 둔 채 나를 쳐다보지 않았지만, 마음마저 보지 않은 것은 아니었다. 마음으로

자기 부정을 이겨 낸 타오 이야기

는 나를 주시하며 초점을 맞추고 있었다. 그 마음이 고스란히 내게 느껴졌다. 이 정도라면 신뢰 관계라포 Rapport가 잘 이뤄질 것이라고 여겨졌다. 치료적 신뢰 관계는 프로그램의 핵심 작용을 한다. 아무리 좋은 프로그램을 진행한다고 해도 라포가 잘되지 않는다면, 모든 것이 허사다.

> 바로 여기에요! 여기! 평생을 기다렸어요. 제발 나를 구해
> 주세요! 제발 이 끔찍한 곳을 빠져나갈 수 있도록 도와
> 주세요!

늪에 빠져 허우적대며 손을 들고 외치는 타오의 소리가 들리는 듯했다. 이렇게 간절한 만큼 성공할 것이다. 타오는 숱하게 자살 생각을 많이 해봤다며 셀 수 없을 지경이라고 했다. 최근 6개월 전만 해도 자살 시도를 했고, 실패했기에 어쩔 수 없이 이렇게 살아있다고 하며 못마땅한 기색을 드러내기도 했다. 죽고 싶은데 죽지 못하니, 이 세상은 지옥이라고도 했다. 무엇이 타오를 죽음으로 내모는 것일까? 죽으려고 하는 것은 겉으로 드러나는 타오의 행동이지만, 사실은 제대로 살고 싶은 마음이 바로 타오의 마음이 아닐까? 제대로 살아지지 않으니 애꿎은 죽음을 들고 온 것은 아닐까? 만약, 그렇다면 타오의 마음 어디에서 살아갈 의욕을 찾아낼 수 있을까?

일주일에 한 번 만나기로 약속했다. 매주 화요일 저녁 7시에서 한 시간 반 정도 총 10번, 타오를 만나게 되었다. 자활시설에서 권유해서 하는 거라고 했지만, 타오는 내심 이 시간을 기대하고 있는 게 분명했다.

자기 부정을 이겨 낸 타오 이야기

첫 번째 만남

일부러 핸들을 꺾었어요

타오 님의 심상 시치료 목적을 정해서 알려주었다. 초기 상담 없이 첫 회기부터 적용 가능할 수 있는 일반적이고 핵심적인 주제로 설정하였다.

> 자신의 내면을 탐색함으로써 살아나갈 수 있는 근원적
> 힘을 자각하고 이를 체득한다.

타오는 이 목적에 동의했다. 마음 안으로 들어가서 자신의 마음을 알아차리는 '내면 탐색'을 하는 것은 궁극적으로 '직면'을 의미한다. 직면을 제대로 해야만 치유의 힘을 가질 수 있다. 이 '치유의 힘'은 마음의 중심에서 찾을 수 있다. 이 힘을 스스로 깨닫고 알아차리고 느낄 때 치유의 에너지는 활성화될 수 있다.

타오한테 '자기 성찰', '우울', '자기 효능', '불안', '자아존중' 척도를 검사했다. 이 다섯 가지 검사는 프로그램 직후에도 다시 한번 더

검사할 것이다. 지금 한 것과 나중에 한 것을 비교하고 분석할 예정이다. 타오는 진정 어린 마음으로 말을 털어놓았지만, 불안하고 초조해했다. 감정의 깃발은 이리저리 휘날리고 정신은 산만했다. 혼자 집중해서 해내기 힘들어서 각 문항을 내가 불러주고 답하는 식으로 검사를 했다.

우울 검사를 진행하면서 자연스럽게 '자살'에 대해 물어 보았다. 타오는 숱하게 많은 자살을 생각하고 경험했다고 했다. 6개월 전에도 시도했다고 했다. 그게 가장 최근에 한 자살 시도였다. 자살을 자꾸 하려는 특별한 이유가 있는지 물었다. 타오는 대답 대신 휴대폰을 내밀었다.

요금을 내지 않아서 통화가 불가능한 폰이었다. 메모 기능으로만 쓰고 있다고 했다. 꽤 긴 글이어서 나중에 읽고 정리하기 위해 내 휴대폰 카메라로 그 글을 찍었다.

타오는 2년 전부터 우울증약을 먹어왔다고 했다. 최근에는 의사가 정신과에 입원하라고 권유하기도 했다고 한다. 정신적 문제가 다가 아니었다. 양쪽 어깨 인대가 상해서 수술을 해야 한다고 했다. 돈이 많이 들 뿐 아니라 수술하려면 1년 정도는 쉬어야 하는데 엄두가 안 난다고 했다. 3년 전쯤에 오른쪽 어깨만 수술했다고 한다. 술은 3년 전에 끊었다. 그 이전에는 많이 마셨다. 술은 마음만 먹으면 쉽게 끊지만, 담배는 끊기가 힘들다. 정신과 약은 아침, 저녁으로 복용하는데 약을 먹으니 도움이 되었다. 약을 잠깐 안 먹었던 적이 있었는데, 그러니까 뭔가 감정이 확 올라왔다. 마지막 자살 기도는 올해 5월이니, 6개월 전이다. 매번 시도할 때마다 다른 방식으로 한다. 이번에는 독약이었다. 윤활유와 닉센 성분이 포함된 열매를 같이 먹었다. 열매 이름은 기억이 잘 나지 않는데 장터에서 샀다. 그 열매를 먹으면 잘 깨어나지 않고, 강제로 외부 자극을 받아서 깨어나게 되면 몽유병 현상처럼 몽롱해진다. 그렇게 열매를 먹고 차를 운전해서 가다가 어느 순간 눈을 떴더니 목포 근방까지 가고 있었다. 뒤에서 경찰차의 사이렌 소리가 들려왔다. 그 순간 수가 틀렸다는 예감이 들었다. 사고를 내고 죽으려던 것이 잘못 틀어졌다는 느낌이 오자 일부러 핸들을 꺾었다. 차가 세 바퀴 굴러서 나가떨어졌는데도 죽지 않았다. 보통 그 정도면 죽을 수밖에 없었을 텐데도 살았다. 타오는 한숨을 쉬고 나서 이렇게 말했다.

 "얼마 전에 대학 병원에 가서 장기기증과 사후 신체기증을 했어요. 혼자니 고독사할 게 뻔하잖아요. 누가 어떻게 해줄 수 있는 것도 아니어서요. 이렇게라도 하면 병원에서 내 시신을 가져가서 해부학 실습이라도 하겠지요."

 장기기증도 장기가 깨끗하게 잘 관리되어야 하고, 사후 신체기증도 별로 크게 타격받지 않고 곱게 보존되어야 할 수 있을 것이다. 신체가 망가지고 엉망이 되면 그럴만한 가치가 떨어지니 소용없을 것이다. 그 말을 했더니 타오가 기어들어가는 목소리로 알고 있다고 했다.

타오한테 명상을 해 봤던 경험이 있냐고 물었다. 심상 시치료 과정으로 들어가기 전에 복식 호흡을 통해 몸과 마음의 이완을 하게 된다. 일반적으로 아는 단어로 말하자면, '명상'이지만, '명상' 고유의 방식은 아니다. 타오는 이렇게 답했다.

"명상해 본 경험은 산, 캠프, 러시아 앞바다. 원양선을 타고 북해도에 가서 오로라 만년설을 봤어요. 우리나라 백령도에서도 남해에서도요. 대만 근처에서도 오로라가 보여요."

타오는 주제에서 시작했지만, 바람에 휘말려 나풀거리는 깃발처럼 주체할 수 없는 사고의 흐름을 보이고 있었다. 나는 편안한 자세에서 등을 펴고 앉아보자고 했다. 천천히 들이마시고 내쉬게 하면서 배가 움직이는 복식 호흡을 해보자고 했다. 배가 움직이는 것이 느껴지도록 배에 손을 갖다 대어보자고 했다. 타오는 의자 위에 양다리를 전부 올려 가부좌를 틀었다. 아주 깊이 들이마시고 쉬면서 천천히 호흡하기 시작했다. 온 정신을 들숨과 날숨에 집중하는 모습이었다. 훌륭한 자세였다. 눈을 감고 온몸을 이완하도록 한 뒤에 다음의 멘트를 들려주었다.

편안한 몸과 마음을 한 상태에서 귀를 기울여 봅니다.

나는 지금 <마음의 빛을 찾기 위한> 여행을 시작하려고 합니다. 생명을 가진 순간부터 그 어떠한 순간에도 변함 없이 빛나고 있는 빛을 찾기 위해서 나는 내 안으로 들어가려고 합니다. 먼저 마음의 대문을 빗장을 풀고 활짝 엽니다. 아주 오랫동안 닫혀있던 대문이 이제 활짝 열리고 있습니다.

집 안으로 들어가서 창문을 활짝 엽니다. 그 맞은편의 창문도 열어봅니다. 따뜻하고 살랑거리는 봄바람이 기분 좋게 불어오는 것을 느낄 수 있습니다. 어디선가 향긋한 꽃향기도 풍겨옵니다. 따뜻하고 향기로운 바람이 창문과 맞은편 창문을 통과하면서 집 안의 공기를 상큼하게 바꾸어 놓는 것을 느낄 수 있습니다.

이제 나는 집의 바깥쪽으로 나와 집을 떠받치고 있는 주춧돌과 기둥을 바라보고 있습니다. 주춧돌이 점점 더 튼튼하고 단단하고 넓어지는 것을 바라봅니다. 집을 받치고 있는 기둥도 튼튼하고, 단단하고, 강하게 서 있는 것을 보시기 바랍니다. 이렇게 단단하고 강하고 든든한 주춧돌과 기둥이 집을 잘 지탱하게 하고 있습니다. 나는 가까이 다가가서 기둥과 주춧돌을 손으로 쓸어봅니다. 단단하고 튼튼한 느낌을 손으로 느껴보시기 바랍니다.

일부러 핸들을 꺾었어요

이제 다시 집 안으로 들어와 방 안으로 들어갑니다. 고개를 들고 아주 튼튼한 지붕이 집을 든든하게 감싸고 있는 것을 봅니다. 나는 이부자리 위에 누워서 지붕을 올려다봅니다. 지붕에는 크고 단단한 창이 나 있습니다. 창으로 푸른 하늘이 보입니다. 따뜻한 봄 햇살이 창으로 들어오는 것을 느낍니다. 내 온몸이 햇살로 따스해지는 것을 느껴 보시기 바랍니다. …… 시간이 흘러서 이제 밤이 되었습니다. 그대로 누운 채 어둠 속에서 수없이 반짝거리는 별빛을 올려다봅니다. 은빛 찬란한 보름달이 나를 환히 비추고 있습니다. 별과 달의 기운이 내 온몸과 마음으로 흘러들어오는 것을 고스란히 느껴 보시기 바랍니다. 나는 자연의 기운을, 우주의 에너지를 느끼면서 곤히 잠듭니다.

이제, 아침이 되었습니다. 재잘거리는 참새와 종달새 소리에 잠에서 깹니다. 찬란하고 화사한 아침 햇살이 내 몸을 감싸며 나를 축복해주고 있습니다. 나는 자리에서 일어나서 세수를 하고, 집 밖으로 나옵니다. 튼튼하고 안전하고 든든한 마음의 집 밖으로 나옵니다. 집 앞에 어질어져 있는 쓰레기들과 돌덩이들을 치우기 시작합니다. 내 손길이 갈수록 마음의 집으로 가는 길이 깨끗해지고 있습니다. 내가 가진 아름다운 마음의 집에 잘 도착할 수 있도

자기 부정을 이겨 낸 타오 이야기

록 나는 지금 이 길을 내 손으로 깨끗하게 하고 있습니다. 기분이 상쾌해지면서, 콧노래라도 부를 듯이 마음이 가벼워집니다. 아침 공기가 무척 상쾌하고 맑습니다. 맑고 환한 이 기운을 그대로 간직하며, 이제 세 번을 세면 눈을 뜨고, 지금 현재 내가 있는 이 자리로 돌아오시기 바랍니다. 하나, 둘, 셋!

눈을 뜨고 나서 체험한 것을 얘기해보도록 했다. 혹시라도 별다른 것을 보지 않았다면, 그렇게 말해도 된다고 했다. 내 말이 끝나기 무섭게 타오는 공포가 가득한 얼굴로 이렇게 말했다.

"어릴 때 살던 대문이 떠올랐어요. 영화 세트장을 보면 대궐 같은 문, 나무문요. 그런 문이었어요. 궁궐처럼 큰 문요. 그 문이 활짝 열렸어요. 들어갔더니 저승사자가 마중 나왔어요. 옛날 선비 복장, 검은색으로 눈만 붉은색이었어요. 검은 도포를 입은 한 사람인데 아무 말을 할 수가 없었어요. 가자! 하더군요. 그래서 따라갔어요. 그 순간, 저승사자가 집에 불을 질렀어요. 따라가니까 조그만 조각배에도 불이 붙었는데, 조각배에 타기 전에 제가 집도, 조각배에도 붙은 불을 껐어요. 수단과 방법을 가리지 않고 껐어요. 옛날에 소방 관련 일을 했었거든요. 그래서 지식이 있어서 잘 끌 수 있었어요. 노 젓는 사람도 없는데 배가 움직였어요. 외등, 호롱불이

일부러 핸들을 꺾었어요

켜있고. 배가 가는데 맞은 편에서 누가 손을 흔들었어요. 돌아가신 아버지였어요. 내리려고 하니까 아버지가 '막내야, 너는 왜 왔냐?'고 했어요. 그전에는 꿈에서 한 번씩 만나면 말을 못 한 채였는데, 이 제는 아버지가 말을 하시더군요. '따라오면 어떡하냐?' 그러면서 발로 뻥 찼어요. 수술대, 아니 회복실에서 눈을 뜬 느낌입니다. 지금까지 저승사자를 세 번을 만났어요. 수많은 자살 시도 중에 세 번만, 오늘까지요. 그때마다 보는 게 저승사자와 나도 잘 모르는 두명이 있었는데. 오늘은 저승사자만 보였어요. 저승사자를 본 것은 27살 때, 30대 초반에, 그리고 지금은… 겁이 나요."

기괴한 체험이었다. 내가 들려준 멘트는 온데간데없이 사라져버렸다. 타오는 오로지 자신의 느낌과 생각으로 스스로 마련한 공간 안에서 겁을 내고 있었다. 불, 저승사자, 배, 아버지. '죽음'의 저편으로 다녀온 듯했다. 상징적인 의미가 강했다. 검은 도포를 입은 저승사자, 일생에서 세 번을 봤다는 저승사자로부터 느껴지는 죽음. 그리고 불타는 집과 조각배. 그나마 서둘러 불을 꺼서 조각배에 올라타서 가고 있는데 맞은편에서 나타난 아버지. 옳게 항해도 하지 못하고 아버지의 발길에 차여서 다시 이승으로 돌아온 타오. 불을 꺼서 조각배에 올라탄 것이 좋은 것인지도 알 수 없는 노릇이었다. 조각배가 오롯이 다 타버렸다면, 저승으로 보이는 곳까지 갈 필요도 없었을 것이다. 그렇다고 집이 불타는 것을 그대로 내버려둔다고 좋은 것인지도 아리송하다. 집이 없다면, 어디로 돌아가서 살게 될

자기 부정을 이겨 낸 타오 이야기

까. 가장 역동적인 것은 아버지의 발길질이었다. 아버지가 손을 잡아 끌어주면서 같이 있자고 했다면, 타오는 눈을 뜨지 못했을 수도 있었을까?

알 수 없었다. 다만, 나는 방금 눈을 감고 느낀 것들을 모조리 내려놓자고 했다. 내가 들려준 대로 눈을 뜬 채 상상해보자고 했다. 그러면서 찬찬히 하나씩 멘트대로 내용을 짚어가면서 물어보았다. 그렇게 다시 상상으로 재구성해서 천천히 심상 시치료 기법대로 접근하기 시작했다.

"창문은요. 한쪽 벽면을 다 차지한 것 같이 커요. 맞은편 창문도 똑같이 큽니다. 예전에 듣기론 아버지가 6대 아니, 9대손인데 외동이었어요. 독자 집안이고 아들 둘을 봤는데 해남 출신이거든요. 우리는 큰 집에 살았어요. 그 집에 있던 창문처럼요. 주춧돌과 기둥은 만지면 돌은 부드러워요. 잘 만들어진 집입니다. 천장의 창문은 원두막 같은 곳에서 자면 다 보이잖아요. 그런 식입니다. 아주 큽니다. 밤에 자고 나서 아침에 쓰레기와 돌들은 별로 없어요. 아침에 하인들이 다 정리하고 밥상을 차려놓고 도련님, 밥 드세요. 그러지요. 내가 보기도 전에."

나는 하인이 치우는 것이 아니라고 했다. 자신의 마음속에 있는 집이어서 스스로 치워야 한다고 했다.

"쓰레기와 돌들이 많아요. 치우다가 에이, 모르겠다 더 이상 못 치우겠다고 합니다. 돌은 너무 무거워서 들리지도 않아요. 돌 주변만 치울 뿐입니다. 쓰레기는 처음에는 쉽게 담았는데 너무 더러워서 담고 돌아서면 쓰레기봉투가 찢어질 정도예요. 치웠는데도 쓰레기들이 널려 있어요."

타오의 마음이 고스란히 드러나고 있었다. 걱정과 근심이 너무 많아서 치울 수도 없을 지경이다. 걱정거리는 너무나 무거워서 들지도 못할 정도다. 아무리 덜어내도 걱정과 근심이 지나치게 많아서 치워지지 않는다. 나는 함께 하나, 둘, 셋을 세면 쓰레기를 제대로 치울 것이라고 했다. 그리고 치워보자고 했다. 그리고 소리 내어 외쳤다. 하나, 둘, 셋!

"치워졌어요. 온갖 쓰레기들이 있었는데 치웠어요."

타오가 슬며시 웃으면서 말했다. 순식간에 그 어지럽던 쓰레기를 치웠다고! 놀라웠다. 이렇게 심상 시치료 '마음의 준비'를 체험한 느낌을 물어보았다.

"한낮에 꿀잠을 자고 깨보니까 일장춘몽의 느낌입니다. 편안합니다. 바람처럼 왔다가 바람처럼 사라지는 느낌입니다."

타오는 꿈 꾸는 듯한 표정을 지었다. 숱하게 많이 꺼낸 말 중에

자기 부정을 이겨 낸 타오 이야기

서 '편안합니다'라는 긍정의 말은 처음이었다. 첫 시작이 무척 좋았다. 잘 해낸 것에 박수를 보냈다.

다음 시간까지 해올 과제를 제시했다. 하늘빛이 선명한 하늘을 3분간 바라보고 떠오르는 것을 한 줄 이상 적어오면 된다고 했다. 다만, 하늘을 바라볼 때, 그 존재와 교감을 하듯 바라보라고 했다. 말을 하면서, 걸어가면서 바라보지 않도록 하자고 했다. 이 세상에 하늘과 내가 존재하듯이 3분간 바라보도록 일렀다. 타오한테 첫 회기 참여 소감을 물어보았다.

"시간이 훅 지나갔어요. 저는 누군가의 얼굴을 잘 기억하지 못해요. 서울에서 태어났다가 이천으로 이사 갔다가 해서 맨손으로 학교 졸업할 때까지 싸운 기억이 다입니다. 동창생들을 만나도 낯설어요. 네이버 밴드로 얼굴을 보기도 했는데 모르겠어요. 어릴 때 형과 얘기한 게 있어요. 한 세대를 산 것처럼 말한 것인데 그 말 그대로 다 이뤄졌어요. 우리는 싸우면서 앞날을 같이 그렸거든요. 그때는 지금의 50대 나이는 노년이라고 생각했지요. 그래서 '간다' 이렇게 지금을 그렸어요."

나는 '간다'는 말이 어떤 의미인지 물어보았다. 갑자기 타오가 아무 답도 하지 않았다. 혹시 죽음을 의미하냐고 물어보았다. 타오는 의미심장한 표정으로 고개를 끄덕였다.

일부러 핸들을 꺾었어요

"이 프로그램을 하는 동안만, 일단 자살을 미뤄둡시다. 시도하거나 떠올리지 않아야 해요. 저와 약속해주세요."

나는 단호하지만 따뜻한 목소리로 말했다. 선심이라도 쓰듯 타오가 그러자고 했다.

"그렇게 하지 않으려고 하는데 자살 생각이 들면 이렇게 해보세요. 멈춰!"

멈춰!라는 말을 세 번 반복하게 했다. 타오는 그러겠다고 약속했다.

"오늘, 나의 인적사항은 드러났다, 그런 느낌입니다. 선생님한테 많은 부분을 알려줬습니다."

타오가 자리에서 일어나면서 이렇게 말했다. 귀가해서 회기 진행을 정리하면서 휴대폰으로 찍어 놓았던 타오의 글을 보았다.

나는 인천에서 6남매 중에 막내로 태어났다. 부모님이 말씀하시기에는 조그만 게 겁 없이 온 동네를 싸 노는 게 가관이라. 이모네 세발자전거를 이른 아침부터 빼내어서 경마장이나 파출소로 출근해서 놀다가 배고파지면 아버지 친구 집에서 배고파요 하고서 동냥밥을 먹고 자라고,

자기 부정을 이겨 낸 타오 이야기

때로는 강에 가서 놀곤 했다. 공장들이 제법 있는 것으로 안다. 이게 내가 아는 5살 모습이다.

아저씨들이 선물로 자석이 붙어있는 한글판과 소리 나는 비행기를 주셔서 좋았다. 이천으로 이사하고는 화덕을 보고 군밤이 나오고 도로 하천에서 놀고 야산이나 들판에서 놀고 그랬다. 그런데 불현듯 둘째 형이 안 보여서 물어봐야 하는데 왜 없는지 몰랐다. 때로는 제법 큰 산으로 가서 돌아다니고 토끼도 보고 친구들이랑 덫 놓고는 꿩도 보고 매도 하늘을 날며 그러다가 늦어서 집에 갈 때는 박쥐들이 날고 온갖 신비한 것들이 다 있었다.

나는 학교 입학 전부터 오줌싸개였다. 지금 생각하면 뭐가 문제인지 6학년 때까지도 대소변을 잘 가리지 못했다. 그리고 많이도 아니 매일 쌌다. 심지어 싸우다가 친구를 호미로 찍어서 앞니가 반 토막이 나고 맞다가 돌아서면 또 싸우고 도끼, 낫, 호미, 기타 등등 온갖 장비가 등장한다. 반면에 6살 위 형은 매일 맞고 다니곤 했다. 나는 항상 그게 싫은데 형은 주로 맞고 나는 죽기 살기로 매일 싸우는 게 일과였다. 그렇게 초등학교를 졸업하고 좀 더 먼 곳으로 중학교에 입학해서 다니고 주로 일요일 날 시내 지하상가를 누비고 교보문고에서 여러 가지를 보고 다니다가 종종 최루탄 가스도 겪어보고 그랬다.

그러다가 중학교 2학년 초쯤에 아버지께서 대들보에 매달려 있는 것을 보고 가까이 사는 누나한테 달려가서는 말하고는 처음으로 텔레비전에서 봤던 주검을 보고 알수 없는 상실감을 접하고는 그 무섭다는 중 2병을 앓았다. 억지로 파란만장한 졸업을 하고 졸업식에 가보지도 않았다. 나는 대충 살면서 고등학교 진학은 아예 포기하고 그 누가 알려준 기술학교 비슷한 직업 전문학과에 숙식 무료를 지원해주는 곳에서 목수 자격증을 위해 주야로 공부하고 실습생이 되었다. 그리고 이듬해인 2월경에 수료식을 마치고는 생활전선에 입문했다.

무심코 읽어내려가다가 나도 모르게 마음이 울컥거려왔다. 중학교 2학년 때 목격한 아버지의 자살. 그것을 직접 목격했던 타오. 그래서 '죽음'을 늘 매달고 살아왔던 거였다. 그 극심한 장면으로부터 타오는 한 걸음도 걸어 나오지 못하고 있었던 것이다. 분명, 이 트라우마를 해결해야 했다. 너무 늦었지만, 그래도 반드시 풀어야 하는 중대한 문제였다.

자기 부정을 이겨 낸 타오 이야기

두 번째 만남

벗어날 수 있을 것 같아?

자활시설 내 프로그램실로 들어오면서 타오는 먼저 과제부터 내밀었다. 휴대폰 메모장에 적힌 글이었다. 성실하게 과제를 한 우등생처럼 미소를 띠고 있었다. 고개는 그대로 숙인 채였다. 하늘을 3분간 바라본 것은 10월 23일 오후 4시였는데 해와 달이 같이 있었더라고 했다.

오후에 하늘을 3분 이상 바라본 내 느낀 점은 더 롱 타임 메모리. 어릴 적 해와 달인가. 한낮에 낮잠 자고 일어나면 개꿈처럼 보인다. 정신을 차려보니 형님하고 내가 어릴 적 이야기가 다 이루는 시간. 그저 형과 내가 불쌍한 하루하루 삶. 이제 마음 얼고 몸이 다 상해서 쉬고 싶다고 합니다.

원래 과제는 자연의 에너지를 한껏 받아보라는 뜻을 담고 있다.

벗어날 수 있을 것 같아?

하늘의 에너지를 충분히 받았다면, 하늘의 뜻도 짐작할 수 있다. 혹은 이미 하늘로 떠난 이의 응원과 격려의 메시지를 받을 수도 있다. 굳이 메시지나 뜻이 아니라고 해도 광활한 하늘의 기운이 스며들어 오면 맑고 환해진다. 고민이나 근심으로 구깃구깃해진 가슴이 펴지는 것을 느낄 수도 있다. 그런데 타오의 경우는 특이했다. 과제를 성실하게 한 것은 맞다. 그런데 눈은 하늘을 보고 있지만, 정신과 마음은 갈피를 잡을 수 없다. 생각은 이미 과거를 향해 가버렸다. 어릴 적 만난 해와 달을 떠올리는가 했지만, 추억 속의 한 장면을 끄집어낸 것도 아니다. 지금, 현재, 이 순간이 과거 속에 함몰된 채 흔적을 지우고 있다. 그런 마음을 '개꿈'이라고 표현하고 있다. 마치 낮잠을 자고 일어나서 보면, 현실이 꿈인지 꿈이 현실인지 몽롱한 것처럼. 어떻게 보면 철학적인 것처럼 보일지 모르나 꿈은 형편없는 '개꿈'일 뿐이다. '정신을 차려보니'라는 부분에서는 지금, 현재를 암시하고 있는 듯하다. 현재의 삶이 형님과 어린 시절에 이야기를 나눈 그대로 이뤄지는 듯하다는 것인데, 예전에 나눴던 앞날에 대한 이야기가 긍정적이지 않았을 거라는 짐작이 간다. '불쌍한 하루하루 삶'이라는 구절이 암담한 미래를 예감했으리라 여겨진다. 그렇다면, 불쌍한 삶을 예견했던 대로 지금 이렇게 살고 있다는 뜻이다. 이제 마음도 얼어버리고 몸도 다 상해서 '쉬고 싶다고 합니다'라고 하면서 마치 타인의 말을 들려주듯이 마무리하고 있다. 이 '쉬고 싶다'는 말은 하늘을 보면서 품은 생각일 것이다. 자포자기의 느

자기 부정을 이겨 낸 타오 이야기

낌이 강하게 우러나오고 있다. 쉬고 싶은 것은 늘 익숙한 대로 죽고 싶다는 것과 연결되어 있고, 그것은 또 하늘로 돌아가고 싶은, 삶에 대한 짙은 허무를 담아내고 있다.

타오는 휴대폰을 내밀면서 말했다.

"그리고… 그때 썼던 일기 같은 글을 이어서 썼습니다."

타오가 내민 휴대폰 쪽지 글을 읽었다.

> 라면 먹고 출근해서 일하다가 너무 추워서 동상에 떨고 형님이 시키는 막걸리 사다가 모두가 모여 한잔하고 다시 일하다가 점심 먹고 족구하고 그러고 하루가 간다. 한 살 위 형의 충고로 방통고도 다니다가 나의 게으름에 한 학기도 못 하고 만세 만세. 왜 잠이 많은지 그 방통고 5번 도전 다 실패를. 참 어려워요. 그래서 내가 실패자고 루저고 되는 게 없고. 내가 가면 왜 멀쩡한 회사도 망하고 군대 제대하고 다시 일하다가 터진 게 아이엠에프. 더는 내가 할 수 있는 것이 없는데 자꾸만 희망을 가지라고 하는데 누가 봐도 사지만 멀쩡하지 허상이다. 성한 곳을 눈 씻고 봐도 봐도 하나가 없다. 이 와중에 코로나. 차라리 내가 걸려 딱 죽으면 좋겠다.

벗어날 수 있을 것 같아?

타오는 이렇게 덧붙여 말했다.

"그리고 중 2때 검사한 아이큐를 저는 정확히 기억합니다. 152였어요. 저보다 위는 딱 한 명인데 일등 하는 아이였어요. 그 아이는 160이 넘은 것으로 기억해요. 그 외에는 제가 제일 높았어요."

타오는 살며시 고개를 들었다. 쓸쓸하고 외로움이 배인 눈이었다. 눈을 마주치지 않고 그대로 시선을 돌려 바닥을 쳐다보았다. 엉뚱하고 과장되고 사고의 비약을 보이는 타오. 정신적인 문제가 많은 타오. 그는 역시 아버지가 자살했던 중학교 2학년 때 시절 이야기를 꺼내고 있었다. 주제가 없고 산발적이고 어디로 튈지 모르는 말들이지만, 그런 타오한테서 인정에 대한 욕구가 느껴졌다.

나는 아이큐가 높았어요. 중학교 2학년 때 152였으니! 천재라고 할만하지요. 그런 나예요! 나는 천재란 말이에요! 그런데 어떤 일이 일어난 지 아세요? 아버지가 대들보에 매달려서 자살하고 말았어요. 나는 그 순간 하늘이 무너졌고 세상이 사라져버렸어요. 눈물도 나오지 않았어요. 새파랗게 질린 채 혀를 빼물고 있는 아버지. 그 마지막 모습을 잊을 수 없어요. 중학교 2학년의 나는 겁에 질리고 아프고 두려워서 울고 있어요. 단 한 번도 그 울음을 멈춘 적이 없어요. 그렇게 살아오던 어느 날, 형님과 얘기를 나눈 적이 있어

자기 부정을 이겨 낸 타오 이야기

요. 우리는 앞으로 어떻게 살게 될까? 가게 되지 않을까? 오십 대가 되면. 그 나이가 되었네요. 이제, 하늘로 사라질 나이가 된 거예요. 뭐, 어쩌겠어요?

지리멸렬하고 뚱딴지같은 말을 하는 타오. 그의 마음속에 꿈틀대는 욕구들이 보였다. 현실의 좌절과 인정받고 싶은 강한 마음이 함께 뒤엉켜 있었다.

"저번 시간에 보여주셨던 글을 읽다가 저도 모르게 눈물이 났어요. 중 2때 너무나 큰 아픔을 겪으셨군요."

타오는 놀란 듯이 눈을 동그랗게 뜨고 나를 바라보았다. 얼떨결에 나와 눈이 마주쳤다. 처음으로 시선을 마주하면서 말했다.

"제가 겪은 것 십 분의 일도 안 쓴 건데요. 아버지의 그 일 이전과 이후가 제 인생에서 나누어졌어요… 어머니는 한글을 모르세요. 일제 순사의 딸입니다. 일본인입니다. 아버지가 일제 강점기 때 우리… 이모 네 명 중 둘째 이모가 이국적이고 멋지거든요. 처음에는 그분을 찍었는데… 아버지가 평생 살면서 엄마가 한글을 몰라서 말이 안 되니까 반항만 커지고… 아버지는 육이오 동란이던 해에 열여덟 살 때였는데, 군대에 자원입대했어요. 백두산까지 갔다가 포로로 잡혔는데 탈출해서 무궁훈장이 세 개나 있어요. 전부 소실되어서 그렇지요. 시신에 박힌 총알까지 모두 세 개가 박혀있어요. 체

벗어날 수 있을 것 같아?

격이 좋아서요. 척추, 가슴에 박혀있어요. 원래 총알이 네 개인데…
옛날에는 총알이 그냥 박혀버려요, 그중 한 개는 누나가 칼로 도려
냈고……."

타오는 횡설수설했다. 끊임없이 장황하게 말을 이어갔다. 나는
말을 가로막지 않았고 그저 듣고 있었다. 타오는 이제 시선을 내리
지 않은 채로 끊임없이 말했다.

"엄마는 대화가 안 됩니다. 어머니와는 말이 안 통해서 외로워
요. 아버지는 몸이 아파서 소주를 드셨는데 어루만져줄 사람이 없
어서 외로웠어요. 다른 사람을 데리고 왔는데 새엄마라고 하고요.
엄마가 있는데도요. 나도 어깨가 나가고 아픔을 느끼면 어루만져
줄 수 없으니까 아버지 선택이 옳았구나 하고 생각했어요. 아픈 것
은 술만 마시고 살 수 없으니까요. 미장 일을 하셨는데 힘들어요.
저도 해봤지만요. 고통을 안고 사는 것이요. 아버지가 일을 깨끗하
게 잘하니까 아버지를 부르는 데가 많았어요. 깔끔하게 잘하니까
요. 그러다가 55세 때 돌아가셨어요. 나도 아버지 닮아서 남 피해
주기도 싫어합니다. 위로 누나가 세 명, 큰형, 형, 막내가 저입니다.
큰형은 눈, 귀, 입이 장애가 있어요. 매일 맞고 다녔어요. 그다음 형
은 급성 맹장염으로 제가 다섯 살 때 죽었어요. 많이 슬펐어요. 둘
째 형과 싸우고 그랬는데… 큰형이 늘 맞고 다니니까요. '원기소'라
는 영양제인데 비타민C 같은 것이 있었거든요. 어릴 때 가서 장롱

자기 부정을 이겨 낸 타오 이야기

에 올려놓고 하나씩 주셨는데 언젠가는 둘째 형을 꼬셔서 전부 털어먹던 기억이 나요."

타오는 벌컥거리며 커피를 마시고 나서 다시 말을 이어갔다.

"둘째 형이 죽고 나서 아버지는 강에 가서 우셨을까요? 집에서 우는 모습을 한 번도 못 봤어요. 어머니는 지금 정부 운영하는 요양 시설에 계세요. 20년 동안 못 만났어요. 통지문이 오더군요. 모실 수 있는지 물어서 아니라고 했어요. 죄송하지만 잘 부탁한다고 써서 보냈어요. 집 나온 지 20년이 되었습니다. 독립해서 성공해보겠다고 생각해서 나왔어요. 가족 중에 아무하고도 연락하지 않습니다. 찾아보지도 않고요. 모가 난 식구들이라서요. 누나들도. 형과 나, 작은누나가 같이 살고. 큰누나 둘째 누나는 둘째 이모 집에서 초등학교 때부터 지냈어요. 그러다가 잠깐 사이에 결혼했고 큰형은 눈, 귀, 입 장애였지만 돌팔이 땡중이 지나가다가 트여줬어요. 저랑은 6년 차이인데 내가 태어나기도 전에 형이 나왔어요. 한번 장애로 살아서 그런지 극복하지 못하고 만만하게 보이고 그랬어요. 나도 맞고 다녔어요. 나는 아버지 같은 성격이라서요. 씨팔 죽는다! 그만할 거지? 그러면서 나는 들이대거든요. 가만히 당하지 않아요!"

타오는 갑자기 일어나서 옆에 있는 의자를 들면서 던질 듯한 자세를 취했다. 그러더니 갑자기 다시 자리에 앉아서 호흡을 가다듬었다.

"두세 명이 나를 크게 화나게 했어요. 한 놈은 나를 때리기도 했어요. 그래서 복수의 칼을 갈았어요. 야산으로 끌고 가서 삽을 꽂고 내가 만만해 보여? 할 거야, 안 할 거야? 그랬어요. 나는 지고는 못 살아요, 아버지 왈. 싸워서 때리고 와도 좋은데 맞고는 오지 말라고 하셨거든요. 맞고 오면 이불 속으로 들어가서 표 내면 안 되고 숨어야 해요, 안 그러면 혼나니까요."

타오는 이제 곧잘 눈을 마주치면서 장황하게 말을 이어갔다. 나는 가장 첫 기억이 무엇인지 물어보았다.

"서너 살 때요, 철길 밑에서 놀던 것. 좋았어요. 좋았던 기억밖에 없어요. 경마장에서 말 타고 놀던 기억이 납니다. 셋째 이모 집 세발자전거가 있는데 빼앗아서 돌아다녔어요. 놀러 다니고. 아저씨, 나 배고파 그러면 파출소장이 귀엽다고 했어요. 저는 천하무적이었어요. 하도 돌아다녀서 누나도 형도 한 번씩 저를 다 잃어버렸는데 아버지가 어떻게 하든 다 찾아왔어요. 누나들이 다 연예인 비슷하게 닮은 사람이에요. 형과 누나 틈에 내가 끼어들 틈이 없어요. 술로 외로움을 달랬어요. 목수 자격증 따면서 막걸리를 주전자로 몇 년간 길게 마셨어요. 날마다요. 술 끊은 것은 교도소 출소하고요. 상황이 그렇게 되어 안 마시게 되었습니다. 사고 쳐서요. 반 만취

자기 부정을 이겨 낸 타오 이야기

상태로. 성폭력으로 5년 전에 재판을 받고도 저는 반성문은 안 썼습니다. 그걸 쓸 것 같으면 들어오지 말지 그렇게 생각했어요. 국선변호사도 딱히 도와줄 수 없다고 했어요. 아버지가 살아계시면 혹시나 가능할 수도 있겠는데… 법정에서 잘 될 수가 없잖아요. 그래서 최후 변론 때 무기징역 주세요, 그랬어요. 잘못했으니까요. 어차피 인생 포기하고 시작하니까요. 그랬더니 판사가 무기징역이 뭔지 알고 그렇게 말하냐고 몇 번이나 물었어요. 안다고 했지요. 그 말을 하는 바람에 6개월 감형되었어요. 2년 6개월 형을 살고 나왔습니다. 그 이전에는 약간의 잔 싸움이 있긴 했지만 합의하곤 했지요. 교도소를 간 것은 처음이었습니다. 술이 내 마음을 흔들어 놓았어요. 그래서 끊는 것도 힘들었습니다. 누가 권하면, 일해야 한다며 둘러대면서 절대 안 마셨습니다. 늑대가 되어야 살아남으니까요. 여자는 여우가 되어야 하고요. 실속을 차려야 한다는 말입니다."

나는 이 모든 말을 경청하고 있었다. 교도소나 성폭행이라는 단어가 나와도 눈 한번 깜짝하지 않았다. 혹시 표정이 변하는 실수를 범하지 않을까 염려하면서 나를 점검하고 있었다. 나는 철두철미하게 내담자를 위해 존재해야 했다. 타오가 성폭행범이었다는 사실을 솔직하게 고백해서 고맙다고 했다. 진심에서 우러난 말이었다. 그 경험으로 인해 많은 것을 깨달았을 것 같다고 했다. 그중에서 금주를 해내다니 대단하다고도 했다.

두 번째 만남으로 타오와의 신뢰 관계를 돈독하게 형성했다고 느껴졌다. 타오는 판단 없이 경청하고 있는 내 태도에 적이 안심한 듯 보였다. 이렇게 털어놓는 것에 대해 거리낌이 없었다. 다만, 타오가 들려준 과거의 얘기들은 소설적인 요소가 다분했다. 실제로 어머니는 일본인이었을까? 아버지는 육이오 전쟁에 참전해서 무궁훈장과 총알을 각각 세 개씩 받았을까? 총알 중 한 개는 누나가 칼로 도려냈을까? 아버지는 어머니가 살아있는데도 집으로 여자를 데리고 왔을까? 작은형은 급성맹장염으로 어릴 때 죽고 말았을까? 눈, 코, 귀의 장애로 태어난 큰형은 어느 날 갑자기 돌팔이 땡중이 지나가다가 낫게 이적을 베풀었을까? 모든 것이 아리송했다. 상식적으로 볼 때, 이해가 되지 않는 사연들이었다. 그렇다고 맞는지 틀렸는지 따질 수도 없다. 게다가 그렇게 사실 여부를 판단하는 것은 치료의 핵심을 흐리는 일이다. 심한 비약과 뒤죽박죽한 가족사는 타오의 정신이 건강해지면, 자연스럽게 가다듬어질 것이다. 보풀이 튀어 올라 휘날리는 부분은 잠잠해질 것이다.

이번 회기에 할 심상 시치료는 '대문 놀이'다. 전통놀이인 '대문 놀이' 가사를 같이 소리 내어 읽어보고 준비한 노래를 틀어주었다.

문지기 문지기 문 열어라
열쇠 없어 못 열겠네

자기 부정을 이겨 낸 타오 이야기

어떤 대문에 들어갈까
동대문에 들어가

문지기 문지기 문 열어라
열쇠 없어 못 열겠네
어떤 대문에 들어갈까
서대문에 들어가

문지기 문지기 문 열어라
열쇠 없어 못 열겠네
어떤 대문에 들어갈까
남대문에 들어가

문지기 문지기 문 열어라
열쇠 없어 못 열겠네
어떤 대문에 들어갈까
북대문에 들어가

문지기 문지기 문 열어라
덜커덩떵 열렸다

벗어날 수 있을 것 같아?

들은 다음 어떤 느낌이 들었는지 물어보았다.

"대문 놀이가 깊은 뜻이 있군요. 사대문을 통해서 한양에 들어가는데… 문마다 줄이 있군요. 영의정, 좌의정… 줄을 잡는 놈이 들어갈 수 있어요. 덜커덩떵 열리는 것은 돈을 주건 어쨌건 입성한 겁니다. 벼슬을 한 거예요. 조상들… 한명회가 생각납니다. 어려서부터 굉장히 똑똑한 사람이었잖아요. 세 살 때 한자를 깨우쳐서 책을 섭렵하고 읽은 책이 세 수레나 되었고 천기를 깨우쳤고요. 가만히 보니까 어떤 줄을 잡아야 하나 싶은데… 부모님의 성화가 있잖아요. 너 똑똑하잖아. 기녀 집 다니면서 한명회가 그렇게 흘리고 다니니까 어떤 동아줄을 잡을까 하다가 정승이 되는……."

여전히 횡설수설하는 타오. 나는 가만히 다 듣고 나서 다시 물어보았다.

"타오님, 열리기를 바라는 마음의 문을 한번 말씀해주실까요?"
갑자기 타오는 고개를 떨구며 생각해봐야겠다고 말했다. 아무 말도 하지 않은 채 그렇게 잠자코 있었다. 3분은 족히 흐른 다음, 타오가 다시 말을 꺼냈다.

"여행요. 여행을 가면 새롭고 신기하고 모르는 지식을 쌓고 신세계를 경험하니까요. 밤하늘의 별, 별똥별이 흐르는 것을 좋아해요.

자기 부정을 이겨 낸 타오 이야기

병원 옥상에서 구경하던 시절 같이요. 신세계를 탐험하는 것이요. 안 해본 것 중에 사하라 사막 횡단해보고 싶다는 생각도 합니다. 수많은 법칙 관문을 뚫고 내 마음의 문을 열어야 할 텐데… 어디서부터 열어야 하지? 답답함이 먼저 떠오릅니다. 이미 내가 어렸을 때 경험했어요, 중 2때 했지요. 제가 큰형한테 말했어요. 아냐, 중 3때다. 형은 세상에 나와서 일하고 있을 때였어요. 형은 저보다 6살 많아요. 동네 경로당 뒷방에 살았는데 형 잠깐 나랑 얘기 좀 합시다, 그랬어요. 조그만 야산에 가서 딱 짧고 굵고 확실하게 말했어요."

타오는 진지한 표정으로 식은 커피를 벌컥 마시면서 말을 이어갔다.

"형, 우리가 이 삶에서 어느 만큼 벗어날 수 있을 것 같아? 그랬더니 글쎄… 그러더라고요. 그래서 제가 그랬어요. 난 많은 생각을 해봤는데 우리는 단 일 센티미터, 아니, 일 밀리미터도 여기에서 못 벗어날 거야. 그리고 단계별로 구체적으로 설명했어요. 형이 군대 갔다 와서 먹고 사는 것 형이 책임질 수 있어? 플랜 B 입니다. 나는 고등학교 포기하고 직업전선에 뛰어든다. 잘 맞춰 살면 살고 틀어지면 플랜 C로 간다. 서른 살쯤 될 때가 C가 될 것이다. 요만큼도 발전한 게 없으면 D로 간다. 사십 대, 어머니 연세가 들고 형이 결혼할까? 결혼 못 할 거야. 그렇게 정의 내렸어요. 생각해 본 적도 없다고 하더군요. 그다음은 오십 대. 그때는 노화가 빨라서요. 형과 내가 집도 없이 똑같은 상황일 때 어머니를 모실까? 고려장 치러야 할 걸. 누나도 감당 못 해. 그나마 내가 감당하는 거지? 형도 못 해. 형은 환갑이야. 어머니는 구십을 바라보고. 뭘 할 수 있겠어? 단 일 밀리미터도 여기서 벗어나지 못할 텐데… 이렇게 아주 긴 이야기죠. 삶 전부에 대해 형과 나눈 거예요. 30분 동안 60년 삶에 대한 대화를 했어요. 중간중간 그 얘기가 맞아 들어가는 걸 형도 나도 느꼈습니다. 어머니는 큰누나가 모시다가 아웃. 누나들 모두 못 모신다고 손들었어요. 대화가 안 되니까요. 지금 내 모습은 엄마의 모습입니다. 내가 나이가 드니까 엄마를 닮아가요. 내가 아프고 죽을 힘을 다한 것은 당당한 아버지 모습이었는데… 주위에서 이제 벽이 생기기 시작한다고 해요, 주위에서 하는 말이 저하고도 대화가 안 된대요. 어머니를 이해해요. 답답하고 고정관념이 강하고 짜증과 스트레스가 많고. 귀도 얇고."

장황한 이 말들을 요약해보면, 좌절과 암울과 결핍의 삶이었다. 한치도 벗어날 수 없는 어둠과 가난과 불통이 휘감는 삶. 쉰이 넘었지만 아직 결혼하지 않는 타오. 어쩌면 일본인이고 한글을 모른다는 어머니는 정신과적 질환이 있는지도 모른다. 딸과 아들이 모실 수 없을 정도로 그 증상이 심각할지도 모른다. 타오 자신도 정신적인 문제가 있다고 스스로 생각하고 있다. 주위에서도 그런 말을 하고, 스스로 생각해도 엄마를 닮아가는 것 같다. 타오가 십 대일 때,

자기 부정을 이겨 낸 타오 이야기

고등학교를 자퇴하기 직전에 앞날에 대해 형과 나눈 대화에서 이미 지금을 내다보았다는 것이다.

이 말들이 주는 어둠 속에서 빠져나와야 한다. 나는 원래의 질문을 다시 했다.

"타오님, 열리기를 바라는 마음의 문은 무엇인가요?"

타오는 자신만의 세계, 부정으로 뒤범벅된 정신의 똬리 속에 갇힌 채 자신도 모르게 터져나오는 말들의 홍수에 빠져 허우적대고 있었다. 타오가 아무 말도 하지 않고 있자, 나는 가장 앞부분에 했던 말을 반복해서 말했다.

"아까, 여행이라고 하셨지요? 새롭고 신기하고 모르는 지식을 쌓는, 신세계를 경험하는 느낌이라고 하셨던 것 맞지요?"

타오는 고개를 끄덕였다.

"그러면 여행 같은 느낌으로 마음의 문이 열리는 것을 소망하고 있는 게 맞나요?"

타오는 다시 고개를 끄덕였다.

"그것을 한마디로 하면 무엇일까요?"

타오는 잠시 고개를 갸웃거렸다. 그러더니 마침내 입을 열었다.

벗어날 수 있을 것 같아?

"깨달음요."

나는 한 번 더 질문했다.

"긍정과 부정 중에서 말씀해 보실까요? 어떤 깨달음인가요?"

타오는 망설이지 않고 바로 답했다.

"하도 부정이 많으니까요. 제 마음속에요. 새롭게 열리도록 하려면, 긍정의 깨달음이 되어야 할 것 같습니다."

나는 다시 물어보았다.

"열리기를 바라는 마음의 문은 '긍정의 깨달음'이군요! 맞나요?"

타오가 고개를 끄덕이며 말했다.

"맞습니다. 긍정의 깨달음의 문."

다음으로 눈을 감고 복식 호흡을 열 번 정도 하자고 했다. 온몸을 이완하게 한 다음 심상 시치료 멘트를 들려주었다.

나는 지금 열리기를 바라는 문 앞에 있습니다. 간절하게
바라는 만큼, 문은 오히려 닫혀 있습니다. 이 문이 열리
기를 바라지만, 지금, 현재는 문이 닫혀 있어서 갑갑하고

자기 부정을 이겨 낸 타오 이야기

답답합니다. 이 갑갑하고 답답한 마음을 내려놓고, 문을 두드려봅니다. 문이 꼭 열리리라는 희망을 가지고 문을 두드립니다. 불안하고, 초조한 마음을 비우고, 문을 두드립니다. 내가 가진 여러 부정적인 생각과 느낌을 내려놓고 문을 두드려봅니다. 두드리다 보면, 문이 열릴 것이라고 믿습니다. 정해진 섭리에 의해 문이 열릴 것이라는 믿음이 있습니다. 문이 열릴 것을 받아들입니다. 문이 열리는 것은 내가 아니라, 하늘의 섭리입니다. 그것을 나는 겸손하게 받아들입니다. 다만, 나는 손에 힘을 주지 않고 억지를 부리지 않고 감사함만 가지고 문을 두드립니다. … … … 네, 좋습니다. 이제 세 번을 세면 문이 열리는 것을 볼 수 있습니다. 세 번을 세면 문이 열립니다. 세 번을 세겠습니다. 힘껏 문을 당기지 말고, 양손바닥을 사용해서 쭈욱쭈욱~ 길게~ 밀어보시기 바랍니다. 하나, 둘, 셋! … 네, 좋습니다. 문이 열렸습니다. 문을 열고 무엇이 보이는지 그대로 바라보시기 바랍니다. 무엇이 보이나요? 혹은 누구를 만났나요? 이 느낌을 그대로 간직해 봅니다. … … … 신기하게도, 이 문을 민 것은 바로 나입니다. 이 문은 문이 열릴 수 있다는 희망과 문을 밀겠다는 용기와 겸손하고 감사한 마음으로 열게 되었습니다. 나는 이 문을 열 수 있는 힘을 이미 가지고 있었습니다. 그리고 이

63

벗어날 수 있을 것 같아?

문을 연 것은 바로 나입니다. 이제 지금, 현재의 느낌을 그대로 간직한 채 세 번을 세면 현재로 돌아오면 됩니다. 하나, 둘, 셋!

눈을 뜬 다음, 마음으로 체험한 것을 얘기해보도록 했다. 타오는 고개를 절레절레 흔들며 말을 이어갔다.

"문이 있는데 열지 못했어요, 열려고 하는데 너무 두꺼워요. 철문에는 이상한 글씨가 적혀 있었어요 하나, 둘, 셋, 넷… 열 가지인데 한 줄씩 적혀 있었어요. 세로로 길게요. 무슨 글자인지는 모르겠어요. 열려고 하는데 안 열렸어요. 대신에 아버지와 형님. 돌아가신 분이 제 양옆에 있었어요. 밀려고 하는데 안되더라고요. 뜻이 뭔지 모르겠지만 글자들이 문에 적혀 있었어요."

첫날 심리검사와 함께 간단한 인적사항을 적은 설문지를 떠올렸다. 타오는 자신의 종교가 기독교라고 했다. 이제 신앙의 힘을 빌려야 할 때가 되었다.

"하나님이 함께하고 있다는 것을 알고 계시지요? 마음속에 믿음의 씨앗이 뿌려졌고, 예수님이 마음속에 있다는 것을 느껴보세요. 지금 하나님이 등 뒤에, 가슴속에, 내 손을 잡으며 함께하고 있다고 믿으면서 지금, 눈을 뜬 그대로 문을 밀어서 열어보시겠어요?"

타오는 내 말에 아랑곳하지 않고 눈을 감았다. 양팔을 가슴 쪽에 바짝 붙인 채 나란히 벌렸다. 손바닥을 허공에 대고 힘껏 밀려고 하고 있었다. 양손을 부르르 떨면서 허공을 밀려고 했다. 그렇지만 손은 가슴에 그대로 붙박인 채 전혀 움직이지 않았다. 어깨를 힘껏 추켜올리면서 용을 쓰고 있었지만, 팔은 여전히 오므린 채 전혀 뻗어나가지 못하고 있었다. 나는 다시 타오를 불렀다.

"타오님, 타오님! 잠깐 눈을 떠보세요. 그리고 억지로 하려고 하지 마시고 하나님께서 타오님의 손을 잡고 직접 하도록 해주세요. 하나님이 하실 수 있도록 내맡겨보세요. 부디 힘을 빼시기 바랍니다."

그 말에 타오는 눈을 번쩍 떴다. 그리고는 손목을 털면서 힘을 빼기 위해 준비했다. 어깨도 내린 채 편안한 자세를 취하고는 다시 눈을 감았다. 세 번을 세면 이제 문이 열릴 것이라고 하면서 함께 구호를 외쳤다. 하나, 둘, 셋! 덜커덩떵, 문이 열렸다! 타오는 있는 대로 팔을 앞으로 죽 내밀었다!

"평안합니다. 포근합니다. 말을 안 해도 자유롭고 따뜻해요. 생각한 대로 이뤄졌어요."

타오가 더할 나위 없이 편안한 표정으로 미소까지 머금으면서 말했다.

벗어날 수 있을 것 같아?

다음 시간까지 해 올 과제를 제시했다. '땅을 3분간 바라보고 떠오른 것을 한 줄 이상 적어오기!'

이번 회기에 참여한 소감을 물었다. 타오는 간결하게 이렇게 말했다.

"더타임 메모리. 기억, 시간 속의. 시간 속의 옛 기억. 오랜 시간의 기억. 그리고 새롭습니다."

자기 부정을 이겨 낸 타오 이야기

세 번째 만남

어리석은 아이 같아요

타오가 커피를 두 잔 타와서 내게 내밀었다. 노숙자 자활 시설에서 커피 같은 기호 식품은 노숙자들이 직접 마련해야 한다. 식사 이외에는 거의 모두 개인이 준비해야 한다. 아마도 누군가한테 말해서 얻었으리라. 나는 귀한 커피를 챙겨주셔서 감사하다고 인사했다. 안 챙겨주셔도 된다고 하려다가 말았다.

타오한테 약속을 잘 지키고 있는지 물어보았다.

"자살을 멈추는 것요? 그러고 있습니다. 약속을 지켜야 하니까요. 그러다가 그런 생각날 때는 일단 걷고 바람을 느끼고 공기를 마시고 세상을 바라보고 과연 내가 필요한 존재인가 아닌가? 하고 생각하지만요. 아직은 해답을 알 수 없고 울기도 하고 그랬습니다. 일단 긍정적인 생각을 하면 밝게 보이고 부정적인 생각을 하면 칙칙해져요. 막내누나가 내 얼굴은 못 속인다고 하더군요. 중 2때 음악 선생님이 무릎을 꿇리고 때리기도 했어요. 하면 할 수 있는 애가

어리석은 아이 같아요

왜 그러냐고 했어요. 공부하고 시험 치니 중간치까지 갔어요. 나도 하면 할 수 있어! 그렇게 생각했지요."

장황하고 우왕좌왕하던 타오의 말이 무리없게 가다듬어졌다. 갑자기 중 2때 이야기가 나오긴 했지만, 긍정이 드러나고 있었다. '나도 하면 할 수 있어!'라니. 현재가 아니라 과거, 그것도 중 2때 이야기에 빗대어서 하고 있지만 변화된 모습이 보였다. '긍정적인 생각을 하면 밝게 보이고, 부정적인 생각을 하면 칙칙해진다'는 말도 대단한 깨달음이었다. 오래된 자살 사고가 갑자기 멈춰지지는 않겠지만, 그럴 때 걸으면서 환기를 시키는 것도 탁월한 실천이었다. 나는 잘하고 있다며 박수를 보냈다. 그리고 미리 준비했던 공책과 볼펜을 포장한 선물을 꺼냈다. 타오는 놀라면서 동그랗게 나를 쳐다보았다. 선물이라고 하니 방긋 웃었다. 그 자리에서 선물을 풀어보면서 공책과 볼펜을 들어보였다.

"제가 좋아하는 보라색 공책과 볼펜이군요! 잘 쓰겠습니다."
이제부터 휴대폰 메모장에 하던 과제를 공책에 쓰도록 하면 좋겠다고 하니 고개를 끄덕였다. 늘 하던 대로 휴대폰으로 메모해 놓은 과제 글을 읽었다.

땅을 바라보고 3분 이상 느낀 점을 적어보겠습니다. 땅은 어머니 품이라고 말합니다. 그만큼 많은 산실이 되고 그렇게 열매를 주고 그 많은 것을 보면 다 하나님 앞에 산 재물보다 수고하고 애쓰는 시간 곧 인내하고 화평의 땅이 바라는 것인데, 제가 보니 주검을 보고 땅이 춤추는 것이 살집도 없고 피를 파는 세상이 열매도 없는 무화과 같은 이를 하나님이 제일 싫어하는데 내가 서 있는데, 죄인을 5번 살리시는 갈 길을 잃어버려서 정처없이 모세 때에 백성이 죄가 많아서 40년을 광야에서 한 세대가 죽고 여호수아로 하여 가나안 땅에 약속대로 들어가니 나는 어디로 버려진 건지 아니면 열매가 없어 불못에 던져진 것인지 궁금하다. 그래도 사람은 다 때에 따라 성장하고 하는데 지금 할 수 있는 것이 없어서 고민 중이다.

사유들이 이곳저곳에 부딪히고 있다. 무슨 말인지 흐름을 알 수 없을 지경이었다. 땅은 '어머니'의 품이라는 운을 띄워놓고 좌충우돌하고 있다. '어머니'라는 단어에 묻어난 양가감정이 타오를 함부로 뒤흔들었을까? 그렇더라도 복잡하고 지리멸렬한 사유의 자락을 잡아보면 대략 다음과 같은 생각이 엿보인다.

땅은 어머니의 품이라고 한다. 그만큼 많은 열매가 열리는 산실이자 인내와 화평의 땅을 떠올릴 수 있다. 그런데 사람이 죽으면 땅에 묻지 않는가. 주검을 그대로 받아들인 땅을 생각해보면 부정적 이미지가 떠오른다. 살도 잃고 피를 파는 세상. 열매가 열리지 않는 무화과 같은 세상. 하나님이 이를 싫어할 것 같은데, 그런 부정적 이미지에 휩싸인 내가 있다. 죄인을 다섯 번이나 살리셨던 하나님. 갈 길을 잃어버리고 정처 없이 떠돌던 모세와 백성들이 떠오른다. 죄가 많아서 죄값을 치루듯이 고난을 겪었던 역사 속의 사람들처럼 나도 그랬다. 광야에서 한 세대가 죽고 여호수아가 이끌어서 약속대로 가나안 땅에 들어갔다. 그런 성경 속의 역사를 떠올려본다. 나는 지금 어디로 버려진 것일까? 열매가 없어서 불로 된 못에 떨어진 것인가? 사람들은 모두 때를 만나서 성장하는데, 내가 지금 할 수 있는 것은 무엇일까? 나는 지금 당장 할 수 있는 것이 없어서 어떻게 해야 할지 고민 중이다.

이렇게 풀어서 생각할 수도 있겠지만, 나는 다시 주제로 돌아가도록 이끌었다.

"땅을 바라봤을 때 어떤 느낌이 드셨나요?"
타오가 바로 답했다.

"조그만 공터에 무성한 풀, 잡초. 느낌은 잡초입니다. 열매도 씨도 없지만, 밟아도 자꾸만 자라나는 잡초."
나는 이렇게 답했다.

자기 부정을 이겨 낸 타오 이야기

"잡초는 끈질긴 생명력을 상징하지요. '무성한 풀'이라는 표현에서도 강인한 생명이 느껴지는군요. 타오님은 참 감성적으로 표현을 잘 하셨어요!"

내 말에 타오는 눈빛을 빛내면서 예의 그 중 2때를 꺼냈다.

"중 2때 국어 선생님이 생각납니다. 즉흥적으로 창작시를 수업 시간에 썼거든요. 그 시를 보여드렸더니 칭찬을 해주셨어요. 창문을 바라보다가 굵은 은행나무에 마음을 빗대어 A4 한 장 반 정도를 썼거든요. 선생님이 의외로 생각이 참 깊구나, 그러셨어요. 그래서 글을 쓰는 게 나은지 물어보니 글쎄다, 너 소질이 있다, 라고만 하셨어요."

나는 멋진 재능을 가지셨다고 말한 다음, 이렇게 다시 물어보았다.

"방금 땅에 대해 한 말을 우리가 저번 만남 때 열었던 '긍정의 깨달음의 마음 문'으로 하면 무엇이라고 말할 수 있을까요?"

타오가 거침없이 말을 이어갔다.

"땅은 사람과 만물의 근원입니다. 땅을 파야 물이 나오고 우물을 파고, 땅을 일궈야 소산물이 생기지요. 땅을 잘 관리하고, 잡초

73

도 잘 관리해야지 땅에서 소산물이 나옵니다."

땅의 에너지를 생각으로 정리하니, 이런 말이 되었다. 타오는 '관리'라는 단어를 등장시켰다. 무성한 잡초와 땅을 관리해야 소산물이 나오듯 자신도 잘 관리해야 하겠다는 희망이 담겨 있는 말이었다. 생각을 잘 정리했다고 말해주었다. 그리고 저번 회기부터 일주일간 어떻게 지냈는지 물어보았다.

"약간 우울했어요. 같이 있는 사람하고 얘기해주고 싶고 안타까움을 전해주고 싶은데. 그 사람이 트라우마를 입은 느낌이 들었지만 사실 핑계 같더라고요. 죽어도 핑계 대고 죽는다고. 피하고 하지 않고 당당하게 자신을 찾아보라고 얘기해주고 싶은데 준비가 안 되어 있더라고요. 자기 실속만 챙기는 모습을 보고 우울했어요. 챙겨줘도 엉뚱한 소리를 하니까요. 친구들한테 예전에 제가 상담을 좀 했거든요. 바둑도 배우기도 하고요. 중학교 때 기술반에 있어서 목수 일도 하고 방송반 일도 했는데 올드팝송도 묻어가고 롤러장도 좋아하고. 중앙에 서 보고 싶은데 롤러스케이트를 못 탔네. 당시 로봇 춤이 유행이었어요. 지금은 올겨울은 어떻게 보낼까? 자활센터나 가볼까? 그러고 있지요. 임시로 생활보호 2종이 되어서 약값도 싸지고 했지만요. 제가 무슨 약을 먹고 있는지 말해볼까요? 정신과 약, 어깨 통증약, 피부 무좀약. 그래서 어떨 때는 속이 쓰려요. 안 먹으면 불안이 올라오고요. 며칠 전에

용역 일 하루 한 것에 대한 돈을 받으러 갔어요. 그 일을 하고 이틀을 앓아누웠어요. 일하려고 약을 며칠 안 먹다 보니, 자다 깨다 했어요. 커피는 하루에 열 잔 마십니다. 이틀 동안은 하루도 안 마셨어요. 하루에 담배는 대여섯 개피 정도 핍니다."

타오는 또 장황하게 말을 이어갔다. 지난 일주일 동안 약간 우울하게 지냈다는 것이다. 자활시설 내 한 방을 쓰는 이와 갈등이 있는 것 같았다. 어떤 문제를 일으키거나 싸우지는 않았지만. 아마도 그 사람을 챙겨주면서 안타까운 마음에 뭔가 충고를 해주고 싶었는데 그게 뜻대로 잘되지 않았나 보다. 그러다가 늘 그렇듯이 또 중학교 때로 넘어갔다. 기술반, 방송반 일을 하던 기억을 하면서 또 롤러장에 가던 추억으로 생각이 훌쩍 뛰어넘어 갔다. 예전에 유행했던 로봇 춤을 얘기하다가 다시 현실로 돌아왔다. 지금 현재는 생활보호 2종이 되어서 약값이 정부 보조를 받게 되었다는 것. 지금은 정신과 약과 어깨 통증약과 무좀약을 복용하고 있다는 것도 알려주었다. 약에는 항불안제를 포함하고 있는 것으로 보인다. 일할 때는 약을 먹으면 집중하기 힘들어서 약을 거르기도 하는 편이다. 한편, 커피는 하루에 열 잔 마신다는 것이다. 최근 이틀간은 안 마셨다는 것이다. 아마도 돈이 떨어졌으리라. 하루 열 잔이라니! 바로 이것부터 관리해야 할 것이다.

"커피를 충분히 줄일 수 있을 거라고 믿어요. 하루에 몇 잔 이

하면 좋을까요?"

내가 질문하자 타오는 바로 답변했다.

"하루에 세 잔 이하로만 마시겠습니다."

나는 이 글을 공책에 그대로 적게 했다. 타오는 그 말을 그대로 적었다. 이렇게 적는 것으로 약속을 하는 거라고 말하니 고개를 끄덕였다. 타오는 미소를 머금으면서 이렇게 말했다.

"며칠 전에 티브이를 보는데 우연히 거기에 대문 놀이가 나왔어요!"

타오는 배운 것을 잘 복습하는 학생처럼 신나게 말했다.

오늘 준비한 심상 시치료는 '옹헤야'다. 옹헤야 가사를 함께 번갈아 가며 한 줄씩 읽었다.

(받는소리) 에헤헤헤 옹헤야 어절시구 옹헤야 잘도헌다 옹헤야

1. 옹헤야 옹헤야 어절시구 옹헤야 저절시구 옹헤야 잘도 헌다 옹헤야

2. 철뚝넘어 옹헤야 메추리란 놈이 옹헤야 보리밭에 옹헤야 알을 낳네 옹헤야

자기 부정을 이겨 낸 타오 이야기

3. 앞집금순 옹헤야 뒷집복순 옹헤야 서로만나 옹헤야 정담헌다 옹헤야

4. 정월보름 옹헤야 달 밝은 밤 옹헤야 줄다리기 옹헤야 신명난다 옹헤야

5. 구월시월 옹헤야 보리심어 옹헤야 동지섣달 옹헤야 싹이난다 옹헤야

6. 이월삼월 옹헤야 보리패니 옹헤야 시월오월 옹헤야 타작헌다 옹헤야

7. 이논빼미 옹헤야 어서심고 옹헤야 각 집으로 옹헤야 돌아가세 옹헤야

8. 풋고추에 옹헤야 단된장에 옹헤야 보리밥 찰밥 옹헤야 많이먹자 옹헤야

9. 일락서산 옹헤야 해 떨어지고 옹헤야 월출동령 옹헤야 달솟는다 옹헤야

  가사를 보면, 만사가 '옹헤야'인데, 원래 옹헤야는 별다른 뜻이 없으며, 모든 것이 옹헤야, 하고 했다. 우리는 지금 '옹헤야'를 '감사해'로 바꿔보자고 했다. 그저 모든 것이 감사하다고 해보자고 했다. '옹헤야' 노래를 유튜브를 연결해서 블루투스 사운드로 들려주었다. '옹헤야' 부분은 '감사해'라고 하면서 노래를 같이 불러보자고 했다. 흥겹게 '감사해'를 합창하면서 같이 불렀다.

어리석은 아이 같아요

감사해 감사해 어절시구 감사해 저절시구 감사해
잘도헌다 감사해

모든 것이 감사하다. 해가 떨어져도 달이 떠올라도 그저 감사할 뿐이다. 감사하지 못할 것이 뭐란 말인가. 감사는 선택이다. 세상에 나혼자만 존재한다고 생각하는 것을 거부한다는 선택이다. 잘되는 일이 오로지 내가 잘해서 그렇게 되었다고 생각하는 것도 거부하는 선택이다. 잘못되는 일 또한 내 탓이라고 생각하는 것도 거부하는 선택이다. 감사는 고백이기도 하다. 인간의 한계를 절실히 깨닫는다는 사실을 고백하는 것이다. 기쁨과 슬픔에 휘말리지 않겠다는 고백이다. 원하는 것이 이뤄지지 않아도 원망하지 않겠다는 고백이다. 원하던 것이 이뤄져도 더 큰 욕심을 내지 않겠다는 고백이다. 감사는 인간을 움직이는 큰 힘, 신의 섭리를 있는 그대로 받아들이겠다는 고백이다. 그러니, 모든 것이 감사할 따름이다. 고통과 아픔까지도 감사하다. 긍정만 아니라 부정에도, 부정일수록 감사하다. 그렇게 할 때 감사의 에너지는 사방팔방 퍼지게 된다.

타오한테 자신이 겪고 있는 부정적인 감정에 대해 종이에 써보자고 했다. 예를 들면 슬픔, 괴로움, 미움, 분노, 상실 같은 것이다. 그런 다음 '이 모든 것에 감사합니다'라고 쓰게 했다. 그다음 연이어

자기 부정을 이겨 낸 타오 이야기

떠오르는 대로 글을 쓰고 난 뒤 맨 마지막은 '무조건 감사합니다. 일상에, 매사에 감사합니다'라고 적어보자고 했다.

> 슬픔, 우울, 죽음, 시간, 과거, 되돌림표, 후회, 우정, 친구, 여자, 어머니, 아버지, 형, 누나. 이 모든 것에 감사합니다. 어릴 적 귀한 양반댁 자제가 끼가 많고 재주 많아 사람을 들었다 놨다 그러다 벼슬에 올라 차근차근 영의정 가고 욕심에 내가 재상 되는 이야기 중에 인연 많은 7처자 거느리는 세월을, 백성 죽어가는데 피를 빨아먹는 고약한 모기.

타오는 열심히 끄적거리며 적어 내려갔다. 타오가 쓴 부정적인 감정들은 이러했다. 슬픔, 우울, 죽음, 시간, 과거, 되돌림표, 후회, 우정, 친구, 여자, 어머니, 아버지, 형, 누나.

독특했다. 감정이 아니라 단어를 쓴 것이다. 그다음에는 또 지리멸렬한 이야기가 이어졌다. 어릴 적에 귀한 양반댁 자제 이야기를 하는가 하면, 그 자제가 누구인지는 모르겠지만 재주가 많았고 사람들 들었다 놨다 할 정도로 언변이 좋았다는 말인지, 권위가 있었다는 말인지 확실하지는 않지만, 어쨌든 벼슬에 올랐다. 벼슬이 계속 올라서 영의정까지 간다는 그런 욕심을 내보면서 다음 구절에서 그 양반댁 자제가 다른 이의 이야기가 아니라 자신의 꿈이었음

어리석은 아이 같아요

을 알게 된다. 그러다가 인연이 많은 일곱 처자를 거느리게 되고 갑자기 튀어나온 모기같은 존재, 백성의 피를 빨아먹는 존재는 도대체 누구일까?

타오는 욕심에 대한 것을 내려놓고 편안한 생각을 위해 마음으로 쓴 글이라고 했다. 일장춘몽을 생각하면서 적었다고 했다. 어떤 의미인지 물어보니 중학교 국어책에 있던 구운몽 이야기에 착안했다고 했다. 모든 것을 갖추었지만 결국 꿈이었다고 말하는 주인공의 말을 기억했다는 것이다. 구운몽에 대한 것을 괄호 속에 묶어서는 내려놓자고 했다. 나는 공책에 적은 '어릴 적'부터 '모기'까지 괄호에 묶어서 돼지 꼬리표를 해서 버렸다. 그리고는 앞부분과 함께 제시된 문구를 넣어 완성하자고 했다. 타오는 다음과 같이 정리해서 썼다.

> 슬픔, 우울, 죽음, 시간, 과거, 되돌림표, 후회, 우정, 친구, 여자, 어머니, 아버지, 형, 누나. 이 모든 것에 감사합니다. 무조건 감사합니다. 일상에 매사에 감사합니다.

글을 쓴 다음 쓴 글을 읽어보자고 했다. 타오는 또박또박 글을 읽었다.

자기 부정을 이겨 낸 타오 이야기

"글을 읽으니 진한 회색빛입니다. 고통, 힘든 것을 감사하는 것은 한 달 전에 해봤어요. 성경책 읽다가 어떤 구절에 꽂혀서요. 창세기에 태초의 하나님 말씀과 예수님이 한낱 무익한 종이다. 예수님께서 말씀 중에 버려진 모퉁이 돌도 기둥 반석에 세울 수 있다고 하셨어요. 그걸 보고 느꼈습니다. 태초에 하나님이 정해 놓았구나. 그가 있었으니, 무슨 말인가 했다가 예수님 재림을 두고, 태초에 하나님이 같이 있었구나! 모든 걸 지켜보던 분이었고. 6천 년의 역사 중에서 4천 년이 지나서 썩어 문드러진 법을 버리고 새 법을 따르라, 제자 양성을 했는데 사람들이 자기 피로, 욕심으로 죽였어요. 하늘의 벌이 이스라엘 열두 지파의 피 맹세로 이뤄진 일입니다."

이번에는 예수님이 등장하고 있었다. 다시 원래의 주제로 돌아와야 했다.

"부정에도 감사하다는 말의 뜻이 무엇인지 아시겠어요?"

내 말에 망설이지 않고 타오가 답했다.

"왜 감사하냐면, 내가 이북에서 태어난 것은 아니니까요. 못사는 나라에 태어나지 않은 것만 해도 말이 안 통하는 나라에 태어나지 않은 것만 해도 감사합니다. 여기가 천국입니다."

나는 다시 설명했다.

어리석은 아이 같아요

"부정 속에서 긍정을 발굴해내는 감사 말고요. 불행 중 다행이다, 그런 의미의 감사가 아니라 있는 그대로요. 부정마저 감사하는 것을 말합니다. 방금 쓴 글을 집중해서 다시 읽어볼까요?"

타오는 다시 글을 읽었다.

슬픔, 우울, 죽음, 시간, 과거, 되돌림표, 후회, 우정, 친구, 여자, 어머니, 아버지, 형, 누나. 이 모든 것에 감사합니다. 무조건 감사합니다. 일상에 매사에 감사합니다.

이 단어들로 인해 느껴지는 아픔과 고통이 있었을 것이다. 우정 때문에 배신을 당하고 여자로 인해 겪었던 처절한 상처가 있었을 것이다. 얼마나 많은 원망을 해왔던가. 아버지의 죽음에 관해서도. 아버지만 살아계셨더라도 이런 일을 당하지 않을 거라고 얼마나 많이 한탄스러워했던가. 그 모든 상처와 아픔을 다 끌어안고 그저 감사만 하는 것이다. 이 의미를 타오가 이해할 수 있을까?

"네, 이해가 됩니다. 느낌은⋯ 이제 내가 좋아하는 보랏빛입니다."

타오가 차분한 어조로 간단하게 말했다.

두 번째로 준비한 심상 시치료는 '나만의 새'였다. 먼저 '새'하면 어떤 것이 떠오르는지 물어보았다. 타오는 '스카이'와 '갈매기 조나

82

자기 부정을 이겨 낸 타오 이야기

단이 생각난다고 했다. 새의 이미지에 대한 것이 긍정인지 부정인지 물어보자 타오는 긍정이라고 새를 좋아한다고 했다. 그러면 준비가 끝났다. 이제 '나만의 새'를 만날 때가 되었다.

내가 생명을 부여받았을 때부터 내 마음에 살고 있는 나만의 새, 오로지 위로와 격려만 해주는 포근한 나만의 새를 떠올려보고 생김새와 특징을 말해보자고 했다.

"버드. 버드가 새라는 뜻인가요? 아하!!! 처음 알았어요. 그냥 '버드'가 떠올랐거든요. 어릴 때 교보문고를 많이 갔었어요. 친구 집에 훌륭한 문학책들이 많아서 보기도 했고요. 그때 버드를 들었던 것 같아요. 그냥 그 단어가 생각났어요. 학교에 안 다닌지 엄청 오래되었는데도요. 마음의 새 '버드'는 무척 큽니다. 2미터 정도요. 날카로운 눈빛으로 뾰족한 부리는 적당하게 튀어나와 있는데 독수리 정도로요. 갈색과 흰색이 섞이고 멋진 하얀 깃털 하나가 머리에서 한 가닥이 나 있습니다."

나는 버드새를 만난 것에 대해 박수를 보냈다. 축하할 일이 일어났다. 엄마의 배 안에서 내 생명이 처음으로 탄생하던 그 순간에 나와 함께 내 마음에 존재했던 버드새. 내 과거와 현재를 너무나 잘 알고 있는 새. 비난이나 비판, 충고를 하지 않고 오로지 위로와 격려를 해주는 천사의 속성을 가진 새. 오로지 나를 포옹해주고 다독여주는 따뜻한 새. 너무나 영특하고 슬기로운 새가 바로 '나만의

어리석은 아이 같아요

새'다. 인간의 마음에는 누구나 '나만의 새'가 존재하고 있다. 이 새
는 마음의 핵심인 '마음의 빛' 안에 살고 있다. 빛은 우주의 에너지,
혹은 신과 연결되어 있다. 그래서 인간은 혼자가 될 수 없다. 인간
은 혼자 존재한다고 믿는 이들조차 신과 연결되어 있다. 나만의 새
는 빛 안에서 살고 있으므로 늘 한결같이 위로와 포옹을 해줄 수
있다. 이 새는 내가 이름을 불러줘야지 내가 알아차리고 만날 수
있다. 이제, 타오는 '버드'를 만난 것이다.

나는 눈을 감고 복식 호흡을 열 번 정도 하자고 했다. 온몸을 이
완하게 한 뒤 과거의 한순간으로 버드새가 날아가게 했다. 과거의
나한테로 다가가 버드새가 나를 위로하고 격려해주는 말을 들어보
자고 했다. 그렇게 과거의 나와 버드새가 만나서 나누는 포옹의 느
낌을 충분히 느끼고 돌아오도록 했다. 눈을 뜬 타오한테 방금 체험
한 것을 말해달라고 했다.

"버드가 한길 공원에 갔어요. 스무 살 때, 아니 이십 대 초반 즈
음인데요. 오토바이를 타고 신나게 놀고 있었어요. 친구들과 같이
있었어요. 버드가 '그만 늦었으니까 들어가.'라고 그랬어요. 나도 '늦
었어, 가야지.' 그랬어요. 느낌은 좋아요. 집에 가는 게 맞으니까요.
가야 하는 게 맞는데 그걸 늘 못했구나 싶어요. 어머니, 형하고 같
이 살았어요. 지금 생각에는 늦게 터진 머리, 좀 감이 늦게 오는 것

같아요. 일찍 들어가고 나를 위해서 뭔가를 좀 했으면 좋았을 걸. 헛된 시간을 많이 보냈어요."

타오는 그 시절에 폭주족이었을까? 집에도 잘 들어가지 않을 정도로 놀았을까? 그랬을지도 모른다. 중학교 2학년 이후로 멈춰버린 마음. 더 이상 무엇을 해야 할지, 어디로 가야 할지 몰랐을 방황들. 쾌락을 따라 살았지만 늘 허무하기만 했던 가슴. 이십 대 초반에는 미처 생각하지 못했던 것을 지금, 이 순간 생각해냈다. '나를 위해서 뭔가를 좀 했으면.' 이제 이 후회와 회한을 발전과 성장의 에너지로 전환해야 할 차례였다.

타오한테 팔을 엑스 자로 해보자고 했다. 다음으로 양손을 가슴 부근에 모은 채 토닥토닥여 주자고 했다. 내가 나를 안아주는 것 같겠지만, 지금은 버드새가 나를 안아주는 것이라고 했다. 이렇게 하면서 따라 말해보도록 했다. "괜찮아. 잘했어. 잘 될 거야." 눈을 감은 채 버드새가 해주는 말을 다시 따라해보자고 했다. 괜찮아. 잘했어. 잘 될 거야.

눈을 뜨고 나서 타오는 포근하게 안아주는 느낌이 들었다고 했다. 다음 시간까지 해올 과제가 바로 이것이라고 말해주었다. 하루 한 번 이상 버드새가 안아주면서 "괜찮아, 잘했어, 잘 될거야."라고 해오는 것!

어리석은 아이 같아요

타오는 이번 회기 참여 소감을 이렇게 말했다.

"어리석은 아이 같아요. 하지 말라고 하는데 제가 반항하는 것 같아요. 누군가 좀 생각 있는 분이 나를 케어해줬더라면, 내가 잘하지 않았을까 하는 생각도 듭니다. 너무나 질풍노도의 시기를 보냈구나. 중 2병에 걸려서… 지금은 좋아요. 뭔가 수다를 떨어야 하는데 그동안 프로그램하기 전에는 묵언 수행을 하듯 살았어요. 그래서 힘들었어요. 이제 나아졌어요. 세 치 혀가 간사해서 어떨 때는 화근이 되기도 합니다. 내 지나간 시간을 다시 되돌아봤습니다. 이십 대 청춘이 물거품처럼 지나갔구나 하는 생각이 듭니다. 아주 어릴 때 버드를 본 것 같아요. 버드새가 그때는 아주 작았는데 지금은 엄청 커졌습니다."

타오는 미소를 지으며 숙소로 올라갔다.

자기 부정을 이겨 낸 타오 이야기

네 번째 만남

꽃을 든 남자, 타오

2주일 만에 타오와 만났다. 시설 직원이 연락을 해왔다. 다른 도시로 일하러 갔다는 거였다. 담당 직원은 타오가 몰라볼 만큼 얼굴이 밝아졌다고 했다. 말도 조리 있게 잘해서 마치 딴 사람이라도 된 듯하다고 했다. 주위에서 다들 그렇게 얘기한다며, 프로그램 효과에 대해 놀라워했다.

타오는 11개월 만에 처음으로 일을 했다고 하면서 웃었다. 교도소를 나온 다음 거의 자포자기하듯 살았다고 했다. 일을 해야겠다고 결심을 하고 인력센터로 찾아갔다고 했다. 그곳에서 의뢰되어 아예 다른 도시로 가서 열흘 동안 일하고 어제 도착했다고 한다. 타오는 노란색과 보라색 꽃송이가 골고루 조화를 이룬 꽃다발을 안고 들어섰다. 꽃을 든 남자! 타오. 원래 선물을 받지 않는 원칙을 세우고 있어서 난감한 순간이었다. 귀한 선물을 거절할 엄두를 낼 수 없었다. 나는 처음이자 마지막으로 선물을 받겠다고 했다. 다시 일하게 된 것을 축하한다고 했다. 담당자 말이 맞았다. 타오는 딴사

꽃을 든 남자, 타오

람으로 보일 정도였다. 눈에 띄게 밝아져 있어서 타오 얼굴에 환한 기운이 어린 것만 같았다. 게다가 얼굴은 보기 좋게 그을려 있었다. 햇빛 아래에서 구슬땀을 흘렸을 타오.

"새벽 3시까지 일했어요. 원전 소각장 굴뚝 청소요. 몇 번 해본 일이에요. 내가 할 수 있는 모든 에너지를 보태어서 머리를 하얗게 불태웠어요. 여기 쉼터에서 두 명이 갔어요. 일하니까 힘들어도 행복했어요. 11개월 만에 처음으로 일한 겁니다. 과제는 그다지 잘하지 못했어요. 그래도 이틀 정도만 빼고는 다 했어요. 버드새가 안 아주는 것요. 기억합니다. 커피는 일이 힘들어서 하루에 세 잔만 마셔야 하는데, 그렇게 약속을 해놓고는 다섯 잔을 마셨어요. 일하고 나서 느낀 점이 있어서요. 갈매기 조나단처럼… 저는 보라색, 화려한 것을 좋아해요. 또 멀리 내다봐야 하니까요. 예전에는 조금만 봤다면 이제는 조금 더 멀리 보고 있어요. 높은 산으로 가야 볼 수 있듯이 보지 못한 것은 보지 않으니까요. 높이 날아야 멀리 보니까요. 어깨가 아팠는데 남자는 악과 깡입니다. 하루 16시간 정도 기본으로 일했어요. 술은 끊은 지 오래입니다. 안 마셨어요."

일했다는 타오의 말을 들으니 역동적인 분위기가 물씬 느껴졌다. 쉬다가 일을 해서 버거웠을 텐데, 그런 티를 내지 않았다. 오히려 힘차 보였다. 간혹 말이 옆으로 새는가 했지만, 그래도 주제를

자기 부정을 이겨 낸 타오 이야기

잘 타고 말을 이어갔다. 우울증은 고립되고 위축되고 움츠리게 만든 나머지 말과 행동도 어눌하게 한다.

　오래도록 만성 우울증에 시달려본 내 경험에 의하면 아무것도 하지 못하도록 바닥에 패대기쳐 버린다. 해야 한다는 생각도, 하고 싶은 의욕도, 할 수 있다는 희망도 모두 사라지게 하는 것이 우울증이다. 하루 종일 밥도 먹지 않고 그저 누워서 벽만 바라보고 있기도 했다. 그렇다고 편안하게 자는 것도 아니다. 잠도 오지 않아 뜬눈으로 밤을 지새우기도 한다. 베개와 이부자리도 바늘로 된 것처럼 불편하기 짝이 없다. 그러면서도 일어나지도 않고 씻지도 않는다. 한창 그러다 보면 숨을 어떻게 쉬는지, 어떻게 말을 하는지도 잊어버릴 수도 있다. 이것은 참 이상하고 모순된 말이긴 하지만 그런 느낌이 든다. 숨을 쉬고 있으면서도 어떻게 호흡하는지 모른다고? 이 말도 되지 않는 느낌이 불현듯 엄습하게 된다. 숨을 쉬는 것도 인위적인 것만 같고 억지를 내는 것 같아서 불쾌하고 불편하다. 분명 자연스럽게 호흡하는 방법이 있을 텐데, 이런 가짜 호흡이 아닌데 진짜 숨을 쉴 수 없다는 것이 억울할 지경이다. 답답함이 치솟아 올라오면, 처음에는 눈물만 나다가 눈물도 메마른 채 영혼이 갈라지는 느낌이 든다. 말은 어떻게 하지? 혀를 어떻게 굴려서 입술로 어떤 말을 튀어 나오게 해야 할 텐데, 기억이 나지 않는다. 지금껏 살아오면서 어떻게 말을 했던가? 그냥 저절로 입을 열면 말을 할 수 있지 않나? 이런 지극히 상식적이고 보편타당한 것들이 무너져 버린 상태다. 내 영혼을 잠식한 우울은 제대로 똬리를 틀고 앉아서 나를 암흑의 왕국으로 끌어들이고 만다. 나는 아무것도 할 수 없는 게 분명하다며 스스로 쇠사슬로 친친 감고 족쇄를 채운 채 바닥에 개처럼 엎드려 있을 뿐이다. 그러다가 심하면 자해를 하기도 한다. 내가 살아있는지, 피가 나오는 생명체이기는 한지, 혹시 한 방울의 피도 흘리지 않는 인조인간은 아닌지 실험해보고 싶다는 이상한 생각이 드는 것이다. 십 대 후반 때, 그런 경험을 했던 나는 타오가 어떤 마음이었을지 짐작이 간다. 논리에 맞지 않아 지리멸렬하면서 부정의 극단을 달리는 심한 비약을 하는 언행들. 도대체 나는 어떻게 그 심각한 우울을 벗어났을까? 그렇게 우울해도 꼬박꼬박 학교를 다녔다. 아무리 힘들어도 학교를 빠지면 안 된다고 생각했던 것이다. 학교에 가지 않아도 되는 방학 때, 심각하게 두드러졌다. 한동안 그렇게 이부자리에서 꼼짝하지 않고 있었지만, 어쩔 수 없이 일어나서 밖으로 나가야 했다. 어머니의 악다구니와 잔소리가 나를 가만히 내버려두지 않았던 것이다. 어떻게 보면, 진저리쳐지도록 나를 못살게 굴었던 어머니는 나를 살린 것인지도 모른다. 어머니의 욕설과 고함과 폭력이 나를 일으켜 세웠던 것이다.

이십 대 때는? 결혼하고 나서 한 1년 정도 어머니와 같이 살지 않았다. 심각한 우울증이 도졌을 때 나는 며칠 동안 아무 말도 없이 지냈다. 남편은 생활비를 갖다 주지 않았고, 번 돈을 노름으로

다 날려버렸다. 거짓말을 밥먹듯이 했고 연애하는 여자들이 줄을 설 정도였다. 남편의 구타는 시도 때도 없었고 나는 줄곧 그런 처지에 빠진 나를 저주하고 있었다. 여우 피하려다가 늑대 만난 격인 어처구니없는 운명에 어이없는 웃음만 지을 뿐이었다. 폭력을 당해도 차라리 어머니가 나았다고 여길 정도였다. 임신해서조차 가리지 않고 길거리에서도 나를 때리는 남편의 손아귀에서 벗어나는 것은 생각보다 쉽지 않았다. 어떻게 그 파란만장한 삶을 죽지도 않고 버텨냈을까? 숱하게 자살을 꿈꿔왔는데도 자살하지 않은 결정적인 힘은 어디에 있었을까?

나는 그 답을 모른다. 정신건강의학과에서 치료를 받은 적도, 심리상담을 받은 적도 없다. 정신과 약을 먹은 적도 위로나 지지를 받은 적도 없다. 나는 늘 혼자였고, 외롭고 아프고 고단했다. 빛나는 십 대부터 아름다운 이십 대, 화사한 삼십 대 전부를 나는 시궁창에 떠도는 잿빛 쥐처럼 살았다. 그 누가 나를 시궁창에서 건져냈을까? 쥐가 아니라 인간이라고 했을까? 아주 맑은 물로 나를 씻게 해주고, 곱게 머리를 빗겨준 다음 내가 좋아하는 연분홍 드레스를 입혀주었을까? 누가 내 머리 위에 물옥잠 꽃으로 만든 화환을 씌워주었을까? 우아하게 걸어나오는 내게 비단길을 깔아주고 박수를 보내주었을까? 나는 도무지 그 누군가를 알 수가 없다. 내가 아는 것은 분명 인간이 아니라는 사실이다. 내가 만난 이들은 나를 이용하다가 가치가 없으면 버리고 짓밟고 팽개쳤다. 감당 못 할 정도로 돈

꽃을 든 남자, 타오

을 갚아야 하는 사기를 당하고 법적인 일에 휘말리기도 하고 손가락질당하기도 했다. 내게 돌멩이를 가장 많이 던졌던 대상은 어머니와 언니였다. 내게 전부였던 내 가족이 항상 아픔을 주었다. 그래서 '가족'이라는 말을 나는 끔찍하게도 싫어했다. 하나밖에 없는 내 딸한테도 우리는 가족이 아니라 동지라고 할 정도였다. 그랬던 내가 언어폭력과 신체폭력, 정서폭력을 골고루 다 가했던 경계성 인격 장애인 어머니를 모시고 있는 것. 내 인생 대부분을 어머니와 함께 살고 있는 것. 그러면서 더 이상 자살을 생각하지 않게 된 것은 도대체 어떤 이유 때문일까? 이제 '가족'이라는 말을 애써 피하지 않는다. 순조롭게 자란 딸이 이십 대가 되어 나를 원망하면서 살뜰하게 보살피지 않은 것에 대한 엄청난 미움을 토로하더라도 나는 다만 미안할 뿐이다. 결혼까지 해서 아이를 낳은 딸이 왜 엄마는 이렇게 귀엽고 예쁜 아기였을 나를 내버려 두고 일하러 갔냐고, 아이와 일 중에서 일을 택했던 것이 아니냐고, 아이를 키우면서 계속 엄마에 대한 원망밖에 들지 않는다고 하는 딸의 말에 나는 다만 미안할 뿐이다. 엄마가 나를 사랑해준 기억이 하나도 나지 않아, 나를 내버려 뒀잖아, 라며 따지면서 연락 한번 하지 않는 딸한테 진정 미안할 뿐이다. 어둠 속에 갇혀서 살아왔던 내가 빛을 만났던 그 감동의 순간만 기억할 뿐이다. 그 암울을 무사히 통과해서 새로 태어난 듯한 삶을 살고 있도록 한 존재의 모습을 나는 도무지 만날 수 없다. 다만, 모든 것이 정교한 퍼즐을 맞추듯 과정을 겪어냈고 그

자기 부정을 이겨 낸 타오 이야기

래서 지금의 내가 있다는 사실을 알아차릴 뿐이다. 그 모든 순서를 고스란히 내게 안겨주고 극복하게 해준 존재를 나는 오로지 '빛'으로 만날 뿐이다.

이런 세세한 이야기를 하지는 않았지만, 나는 타오한테 이런 말을 한 적이 있다. 두 번째 만남에서였다.

"이제까지 자살을 몇 번 정도 경험하셨나요? 오십 번이라고요? 저는 오백 번도 더 됩니다. 그러니, 자살에 관해서라면 저는 타오님의 선배입니다. 선배인 입장에서 말씀드리자면, 자살 생각이 딱! 멈춰질 수 있습니다. 저도 해냈으니 타오님이 못하실 리가 없습니다. 저를 따라서 함께 걸어봅시다."

타오는 이 말에 두 눈을 동그랗게 떴지만, 반신반의하는 표정이었다. 그렇더라도 무슨 치료사가 자살을 경험했다고 그러지? 저런 사람이 치료사를 하다니! 적어도 이런 반감은 아니었다. 아마도 과연 나도 할 수 있을까? 안 될 거야. 그냥 듣기 좋으라고 하는 소리일 거야. 뭐, 이 정도의 생각이었을 게 분명했다. 그런데 지금, 타오는 선배를 잘 따라오고 있는 중이다.

나는 버드새의 이미지에 대해 다시 물어보았다. 이미지를 반복해서 떠올려야 익숙해질 수 있다.

꽃을 든 남자, 타오

"버드새는 2미터쯤 됩니다. 머리에 하얀색 한 부분이 있고 몸 전체는 갈색이고 끝부분은 하얀색요. 힘들어도 오늘 또 일하러 갈 거야… 그랬어요. 일요일 저녁에 와서 오늘까지 날을 꼬박 새고 아팠어요. 아침에 정산하고 돈을 받으려니 조금 기다리라고 해서 그렇게 하고 있습니다. 급한 대로 30만 원 달라고 해서 그 돈으로 코로나 검사를 하고 편히 잤어요. 일주일 동안 정말 마라톤을 했어요. 먹는 것은 좀 신통하지 않았는데요. 입맛이 없어서요. 나중에 체기가 올라오더군요. 일주일 동안 아침에 정신과 약하고 어깨 진통제를 먹었어요. 진통제가 떨어져서 나중에는 게보린과 탁센을 먹었어요. 예전에 오른쪽을 수술했거든요. 5백만 원 빚을 지고서요. 왼쪽은 수술하지 않으면 어깨를 못 쓸 수도 있다고 들었어요. 인대가 파열되었어요. 그래도 일했어요."

타오는 불굴의 의지를 내고 있었다. 바닥을 친 셈이었다. 바닥을 친다는 것은 강렬한 극복의 순간이다. 다시 날아오를 수 있도록 구름판 역할을 하는 것이 바닥을 치는 것이다. 이제 바닥을 쳤으니 날아오를 것이다.

이번에 할 심상 시치료는 '유관순' 기법이다. 먼저, '유관순' 하면 어떤 느낌이 드는지 물어보았다.

"하면 된다, 포기하면 안 되고. 이런 생각이 듭니다. 아버지가 육이오 때 세 번을 잡혀서 탈출했거든요. 인간이란 본능은 그런 겁니다. 피하는 사람은 겁이 많은 것이지요. 나는 어릴 때 오뚝이 처럼 또 일어났어요. 나는 너희들 마음대로 하는 장난감이 아니 다 그랬어요. 친구 앞에서 그렇게 했지요."

타오는 유관순에서 갑자기 아버지로, 인간의 본능으로 갔다가 자신의 과거로 갔다. 조리 있는 말을 할 때도 있지만, 방금처럼 걷 잡을 수 없이 사고의 흐름이 빨라지기도 했다. 타오의 말을 살펴 보면, '유관순'의 이미지는 하면 된다, 포기하면 안 된다, 겁이 많은 사람이 피하는 것이다. 예전에 아버지는 육이오 참전군인이었는데 적한테 잡혀서 탈출한 적이 있었다. 그런 용맹스러운 행동을 본받 아서 나도 어릴 때 오뚝이처럼 일어난 적이 있었다. 나를 장난감 취급하고 괴롭혔던 친구 앞에서 피하지 않고 대항한 적이 있다. 이 런 정도의 뜻이 된다.

나는 유관순의 일화를 들려주었다. 만세 운동을 하기 위해 태 극기를 품에 품고 산을 넘어서 인근의 마을에 가는 도중 호랑이를 만났던 열여섯 살의 유관순. 호랑이와 기 싸움을 하고 마침내 호 랑이를 물리쳤다는 사실을 알려주었다. 이 이야기가 실려있는 '전 래동화보다 재미있는 한국사 100대 일화' 책을 보여주었다.

사실, 내가 이 이야기를 접했던 것은 유관순 위인전기에서였다. 초등학교 4학년 때, 아버지가 사주셨던 50권 전집 중 유관순이 있었다. 책을 읽다 말고 너무나 놀라웠다. 열일곱 살 소녀가 호랑이와 싸워 이기다니! 놀랍고 신기한 그 장면이 책의 왼쪽 면에 그림으로 그려져 있었다. 대각선 위쪽으로 호랑이가 꼬리를 유유히 늘어뜨리며 다가오는 모습, 아래쪽으로 흰 저고리에 검정 통치마를 입은 유관순이 호랑이를 정면으로 바라보며 당당하게 서 있었다. 그 이후 유관순은 내 영혼 속에 깊이 들어와서 삶의 진정한 멘토가 되어주었다.

이제, 내가 경험한 유관순의 힘을 타오와 함께 나눌 차례였다. 유관순이 옥중에서 했던 말을 그대로 적고 빈칸을 채우도록 했다. 그다음 장에는 호랑이와 싸워 이긴 기 싸움에 대한 글을 먼저 적게 한 다음 빈칸에 자유롭게 써보자고 했다. 첫 회기 때 가지게 된 '긍정의 깨달음의 문'을 여는 마음으로 쓰도록 했다.

> 손톱이 빠져나가고 귀와 코가 잘리고 손과 다리가 부러져도 참을 수 있지만, 부모님을 모욕하는 것은 참지 않는다. 부모님을 사랑하고 존경합니다. 기필코 이것만은 지켜야 합니다.

> 내 삶의 호랑이는 부정적인 거울, 나 자신입니다. 나는 온 정신을 집중해서 용기를 내어 부정적인 나 자신을 물리

자기 부정을 이겨 낸 타오 이야기

치고자 합니다. 나는 내 삶에서 부정적인 나 자신의 뒷걸음질 치는 것을 봅니다. 나는 결국 부정적인 나 자신을 물리칩니다. 이제 내 삶에서 부정적인 나 자신에게 나는 더 이상 당하고 있지 않습니다. 이 존재가 다시 다가오는 낌새가 보인다면, 나는 이미 가지고 있는, 이 존재를 물리친 깊은 마음의 힘을 바로 발휘하겠습니다. (깡, 악), 참된 정신과 의지

완성된 글을 타오가 직접 읽도록 했다. 타오는 신중하며 진지하게 글을 읽었다.

"부모님을 공손히 대하는 것. 사랑하고 존경하는 것. 그런데 사랑은 불새잖아요. 영원히 죽지 않는 불새. 하나님의 사랑, 부모님도요. 최근에 우편물이 왔어요. 기초 수급자에 관한 서류인데. 재산이 있는 자녀가 있으면 안 된다고 하더군요. 우리 가족은 각각의 성격으로 살아서 관계하지 않거든요. 어머니가 칠십 대 때 형제들이 모셔봤는데 다들 손들었어요. 그걸 보고 죄 안 지으려면 내 부모부터 챙겨야지, 그런 생각이 들고 해서 조만간 서울에 갔다 와야겠습니다. 올해 89세이신데, 어머니를 만나면 15년 만입니다. 우편물에 있는 주소로 찾아가면 될 거예요. 막내가 올 거야, 그러면서 늘 기다리실 것 같아요."

타오는 놀라운 얘기를 꺼냈다. 어머니를 만나러 간다고? 그것도 15년 만에! 유관순이 들어도 호랑이와 기 싸움 도중에 놀라서 자빠질 얘기였다. 매번 타오는 어머니가 말이 안 통한다는 얘기를 했었다. 심지어 일본인이라고도 했다. 그래서 말이 안 통하면 어떻게 할 것인지 물어보았다.

"그건 쉽습니다. 있는 그대로 이해하면 됩니다. 어머니는 표현에 약하시니까요!"

놀라운 답이었다. 내가 기억하는 한, 어머니는 일본인이고, 한글도 모르고 통하지도 않으니 주위에서 다 포기할 정도였다고 했다. 자신도 이제 어머니를 서서히 닮아가고 있어서 주변인들과 소통이 안 된다고 했다. 그랬던 타오는 이제 어머니와 쉽게 소통할 수 있다며 '있는 그대로 이해하겠다'고 말하고 있다. 나는 어머니를 찾으러 가겠다는 말에 마음 다해 응원을 보낸다며 손뼉을 쳤다. 부모님을 사랑하고 존경하는 것은 곧 나를 사랑하고 존경하는 것이라고 했다. 우리는 흔히 잘 되면 내 덕, 못 되면 조상이나 부모 탓을 한다. 그동안 정신건강의학과에서 무수한 정신병 환자들을 봐온 경험에 비추어 봐서 말하자면, 정신적 병리가 심각할수록 부모에 대한 원한이 사무쳐 있다. 거꾸로 말해도 맥락은 같다. 부모에 대한 원한이 너무나 심해서 정신적 병리가 올 수도 있다. 생명을 부여한 존재인 부모에 대한 원망은 곧 자신에 대한 부정과 같다. 정신적인 건강과 치유가 되면, 자신을 사랑하게 되면서 동시에 부모에 대한 부정적 마음을 내려놓게 된다. 정신병 환자 중에서 부모에 대한 원한이 너무나 극대화되어 친부모임에도 불구하고 가짜 부모라고 우기는 경우도 많다. 극도의 의심으로 부모와 자신을 부정하게 되는 것이다.

"나를 사랑하고 존경하기에는 부족함이 많아요. 인간 루저. 그냥 쓰레기일 뿐입니다. 마지막까지 가야만 아픔과 고난에서 벗어난다고 생각했어요. 고층아파트 처음 생겨서 갔던 초등학교 3학년 때 자살을 생각하다 잠들었어요. 나는 하늘을 나는 새 한 마리가 되었어요. 못 뛰어내리고 있었지요. 그대로 난간에서 서 있었어요. 그때 버드는 작았어요. 아기새였어요. 또 시련이 오면 잊어버릴 만한 자살을 또 생각하고. 제가 자살 기도만 오십 번이 될 겁니다."

'나를 사랑하고 존경하는 것'은 머나먼 훗날이 아니다. 그것은 아름다운 선택이고, 지금, 당장, 이 순간 해낼 수 있다.

나는 '나는 나를 사랑하고 존경합니다.'라고 공책에 적어보라고 했다. 그리고 적은 글을 그대로 읽어보자고 했다. 타오는 주저하지 않고 썼다. 쓴 글을 소리 내어 다정한 어투로 읽었다.

나는 나를 사랑하고 존경합니다.

어떤 느낌인지 물어보니 타오가 말했다.

"쑥스럽고 이질적입니다."
　잘했다고, 한 걸음을 그렇게 내디디면 된다며 격려했다. 그리고
두 번째 글에서 '부정적인 나 자신'이라고 썼는데 어떤 나를 물리치
고 싶은지 자세히 말해보자고 했다.

　"자살하고 싶으나 지구력, 인내력, 절망, 초기. 빠른 결정을 못
하고 좀 더 디테일하지 못한 나. 부정적인 나 자신. 생각나는데,
군대 생활 때요. 엄청 추웠어요. 마지막 병장이 PT 체조를 시키는
데 힘들면 대부분 포기하지만 나는 하다 보니까 이유를 알게 되었
어요. 추위를 잊게 되고 200~300개 더 에너지가 무의식 힘을 끌
어내는 깡을 느꼈습니다. 그걸 하고 나니까 뭔가 힘들면 포기하지
말고, 그냥 그렇게 하는 것이라고 생각이 들더군요. 이번에 그렇게
힘주어 살다 보니까 이가 다 나갔어요. 너무 힘을 줬더니 턱관절
이 안 좋아지더군요."
　타오의 말이 다소 옆으로 갔지만, 다시 주제를 짚어서 내용을
살펴보면 이러했다. 부정적인 나 자신을 물리치고 싶은 것을 자세
히 말해보면, 자살하고 싶은데 빠른 결정을 잘하지 못하고 디테

자기 부정을 이겨 낸 타오 이야기

일하게 처리해서 자살을 성공하지 못했던 나. 그런 나를 생각해보면, 군대 생활이 기억난다. PT체조를 시키던 병장의 말대로 하니, 추위를 잊게 될 정도로 에너지가 생기고 무의식의 힘을 끌어내는 깡다구 있는 자신을 느낀 적이 있었다. 힘들면 포기하지 말고 그렇게 하면 되더라는 생각이 들었다. 그런데 이번에 열흘간 고된 노동을 하면서 너무 이를 악물면서 힘을 주었더니 이가 다 나갈 정도고 턱관절이 안 좋아질 정도로 힘들었다.

이리저리 부딪히는 산만한 사유의 흐름이 느껴졌다. 이 말만 놓고 보면, 타오는 아직 자살을 포기하지 못하고 있고, 한방에 그냥 끝내고 싶은 마음을 품고 있는 듯 보인다. 사실, 그게 타오의 진심인지도 모른다. 하지만 그것보다 더 중요한 것은 지금 에너지가 바뀌고 있는 중이라는 사실이다. 나는 방 한가득 어둠이 있다고 상상해보자고 했다. 이 어둠을 어떻게 물리칠 수 있을지 물었다.

"빛이지요. 빛을 밝히면 됩니다. 저는 한 5일 전부터 그렇게 하고 있어요. 예전에 저는 눈만 감으면 어둠이 보였지요. 나는 오랫동안 늘 도망가면서 살아왔어요. 이제는 도망 대신 빛을 켤 겁니다."

타오가 바로 답하며 빙그레 웃었다. 타오가 조금 전에 말했던 내용을 정리해서 이렇게 표현해보았다.

꽃을 든 남자, 타오

"물리치고 싶은 '부정적인 나 자신'은 어떤 나일까요? 조금 전에 답을 주셨지만, 제가 정리해서 말해볼게요. 자살하려는 부정적인 나 자신! 이제 나는 나를 사랑하고 존경하므로 자살하려는 부정적인 나 자신을 물리치고 싶다. 맞을까요?"

타오는 환하게 웃으며 고개를 끄덕였다.

"맞아요. 자살하려는 부정적인 나 자신을 몰아냅니다."

우리는 함께 동시에 박수를 보냈다. 타오한테. 타오는 타오 자신에게.

다음 시간까지 해야 할 과제를 제시했다.

> 첫째, 버드새를 아침에 만나서 "괜찮아, 잘했어. 잘 될 거야."라는 메시지 듣기.
> 둘째, 날마다 "나는 나를 사랑하고 존경합니다"라고 하루에 세 번 이상 말하기.

타오는 세 번째 만남의 참여 소감을 이렇게 말했다.

"아이 캔 두 잇!이라고. 젊었을 때 했던 말인데 사십 대까지 거울 보면서 말하곤 했어요. 그 말을 지금 하는 느낌입니다. 참 희한합니다. 누구로부터 내 잘못된 버릇과 나쁜 것을 바꿔보라고 들으

자기 부정을 이겨 낸 타오 이야기

면서 네 스스로 정죄하냐? 부정, 욕설, 저주하지 말고 차라리 축복하라고 하더라고요. 예전에 어느 집사님이 해준 그 말이 생각났어요. 최근 몇 개월 전에 가만히 보면 제가 스스로 부정적인 말을 했어요. 하나님이 '사랑해라, 용서해라, 축복해라.' 그러셨는데 칼날로 나를 저주했네요. 나쁜 말을 하면 결국, 나한테 그 말대로 돌아오게 되지요. 이제 깨달았는데 욕설, 비난, 무모한 정죄를 하지 말고 축복해야겠다고 생각했어요. 제가 잘못하더라도 축복해주소서. 하나님이 하실 일이지요. 하나님 말씀과 통한다는 것을 느낍니다. 참회합니다."

타오는 환한 표정으로 인사하고는 숙소로 돌아갔다.

다섯 번째 만남

아이 캔 두 잇!

'아이 캔 두 잇!'이라고 했던 타오. 긍정 깨달음의 문을 열게 된 타오. 타오를 만나기 위해 노숙자 자활센터로 가는 걸음이 가벼웠다. 한 주 동안 어떤 일을 겪고, 어떤 생각의 결실을 맺었을까?

타오는 일주일간 많이 바빴다고 했다. 저번 일을 마친 뒤 조금 쉬면서 한 주일 동안 추스르고 나서 그다음은 계속 일용직을 했다고 한다. 요즘은 오전에 5시쯤 깬다고 했다. 수개월 동안 잠을 못 이뤄서 힘들었다고 했다. 뜬눈으로 뒤척이다가 새벽녘에 겨우 잠들어서 정오쯤 되어야 일어나는 생활이 계속 되었다고 했다. 프로그램하기 직전에도 그렇게 불면이 계속 되고 있었다. 타오는 어떻게 이 불면을 극복하게 되었을까? 숙면을 취하고 새벽에 일찍 깨는 규칙적인 생활을 할 수 있는 비결을 물어보았다.

"그거야, 상담하면서 생각을 달리하게 되었으니까요. 많은 것을 내려놓게 되었어요."

명랑한 어조로 타오가 답하며 씽긋 웃었다. 이제 타오는 대화 도중 바닥을 보지 않는다. 시선 접촉을 잘하고 편안하고 자신감 있는 태도를 보였다.

"이번 주에요. 장기기증이 완료되었다는 우편물을 받았어요. 연명치료 중단도 신청해놓았고, 사후 장기기증과 신체기증까지 했으니 이제 천하무적이에요. 욕심도 없고 평안해요."

타오는 허리를 반듯하게 펴면서 말했다. 축하한다고 말해주었다. 용감한 타오! 이제 장기와 신체를 기증할 만큼 건강하게 잘 보존하는 일이 남았다고 했다. 그렇게 하겠다며 환하게 웃었다. 한 번씩 욱신거리는 어깨 통증은 진통제로 견디고 있다고 했다.

"번 돈으로 여유가 생기니까 일 소개해주신 분한테 담배 한보루를 사드렸는데 어르신이 계시더라고요. 나이가 들면 아이가 되잖아요. 그래서 그분한테도 한보루 사드렸지요. 홍삼 스틱도 사서 먹고 일합니다. AI 시스템도 주문했어요. 인터넷을 개인적으로 쓰는 거예요. 뭐 눈치 안 보고 쓸 수 있으니까요. 좋은 거지요."

타오가 밝은 표정으로 말했다. 갑자기 베풀고 나누게 된 타오. 주위에 나누면서 일하는 보람을 몇 배의 행복으로 느끼고 있는 현

자기 부정을 이겨 낸 타오 이야기

명한 타오에게 박수를 보냈다. 과제를 해왔는지 물어보니, 이렇게 말했다.

"버드새가 '타오야, 잘하고 있어. 이대로 하면 돼. 훌륭해.', '조금만 참자. 그러면 좋은 일이 다시 올 거야.'라고 했어요. 일어나자마자 하고 또 조석으로 해야지요. '나는 나를 사랑하고 존경합니다'는 말도 하루에 한 번 정도는 했어요. 아이 캔 두 잇! 이 고비만 잘 넘기면 좋은 일이 있을 거라고 생각해요. 옛날에 기억했던 생각들이 들어오곤 합니다. 조나단 갈매기, 김만중 구운몽, 친구들이 생각나요. 셜록 홈즈 시리즈도 많이 읽었어요. 헬렌켈러, 세익스피어, 슈바이츠, 타고르도요. 초등학교 때 참, 책이 재미있었어요. … 그리고 어머니를 찾아뵈려는데 주춤거리고 있습니다. 저는 건축 토목사 자격증이 있는데 설계도 직접 해요. 17살 때 땄어요. 방송고등학교 공부를 다섯 번 정도 했는데 하다가 말았습니다. 저는 뭔가를 하면 하나에만 치중을 하게 됩니다. 일을 계속해야 하는데 공부와 병행은 못 하겠더라고요."

다소 비약이 있기는 하지만 타오의 말은 여러 긍정의 기운을 담고 있다. 버드새가 해준 지지와 격려의 말이 있었고, 스스로 사랑과 존경의 메시지를 보내주기도 했다. 이 고비만 잘 넘기면 좋은 일이 있을 거라는 희망을 가지고도 있다. 아버지의 죽음을 경험했던 중학교 2학년 이전, 초등학교 때 접했던 여러 책을 떠올리기

아이 캔 두 잇!

도 했다. 그때만 해도 앞날은 희망으로 가득 차 있었다. 저번 회기 때 어머니를 찾아뵙는다고 했는데 언제 찾아 뵈어야 좋을지 주춤 거리는 중이다. 반가운 마음도 크지만 그에 못지않게 두려움도 크다. 15년 만에 찾아뵙는다는 것은 쉬운 일이 아니다. 어머니는 어떻게 변하셨을까? 나를 못 알아보시는 것은 아닐까? 내가 이렇게 변한 모습을 보고 어머니는 무엇이라고 하실까? 등등… 여러 감정과 생각이 들 것이다. 그렇게 어머니를 언급하다가 갑자기 생각은 건축 토목사 자격증으로 옮겨갔다. 설계도 직접 할 수 있는데 자격증을 17살 때 땄다. 방송고등학교 공부를 했지만, 하다가 말았다. 일하면서 공부하다보니 제대로 되지 않아서였다.

이렇게 타오가 여러 말을 했지만, 맥락을 짚어보면, '긍정'이 보였다. 부정적으로 지리멸렬하게 늘어놓기만 하던 때와 달랐다. 책을 재밌어했던 초등학교 시절을 떠올리면서 그 시절 가졌을 '희망'의 에너지를 다시 담으려는 듯했다.

버드새는 제대로 타오한테 지지와 격려를 해주고 있었다. 과제로 내준 하루 한 번보다 훨씬 많이 만났다고 했다. 아침에 한 번이 아니라 밤에, 자기 전에도 버드새를 만나고 있다고 했다. '나만의 새'를 만나는 것은 긍정 에너지와 접속하는 것이다. 위로와 격려, 칭찬과 변함없는 포근한 사랑을 주는 존재가 있으면 얼마나 좋을까. 대부분 가까운 사람에게서 그런 에너지를 받기를 원한다.

자기 부정을 이겨 낸 타오 이야기

가족, 연인, 친구가 그렇게 해주면 더할 나위 없이 좋을 것이다. 그런데 그들도 그것을 원한다. 서로 받기만 원하니, 상대에게 줄 여력이 없다. 준다고 하더라도 원할 때 그 순간에 상대방이 대기하고 있다고 그런 에너지를 마음껏 퍼줄 수도 없다. 상대방도 에너지가 고갈될 수 있기 때문이다. 가뜩이나 복잡하고 치열한 경쟁의 분위기가 휘도는 현대사회에서 누구나 외롭고 누구나 아프다. 넉넉하고 아름다운 사랑을 품었다가 언제든지 원할 때 그 사랑을 나눠줄 수 있는 이는 거의 없다. 가까운 사람에게 위로를 받으려다가 도리어 화가 나는 경우도 많다. 내 고단함을 씻겨줄 비장의 무기를 가지고 가까운 이가 언제든지 와서 머물라고 하지 않는다. 그러니, 가족들도 연인이나 친구들도 결정적으로 이런 어긋남으로 인해 사이가 틀어지기 마련이다. 타인과 상황으로부터 위로와 격려를 받겠다는 생각은 사실, 위험하다. '받겠다'는 생각 자체가 벌써 위험을 안고 있기 때문이다. 받겠다면 주는 사람이 주겠다고 해야 하는데 제대로 줄 것인지도 확실하지 않으며, 준다면 어느 정도 줄지, 원하는 만큼 다 채워줄지도 모를 일이다. '받는다'는 것은 수동적인 위치에서 다분히 나약해지기 마련인데 일방적으로 그렇게 기다리다가 만약 기다리던 이가 주지 않으면, 원한을 가지게 된다. 그런데도 상대방은 어느 정도, 언제 주겠다고 마음을 정하거나 가지지 않았으므로 그 원한은 허사가 되고 마는 것이다. 상대방은 받으려고 했던 이가 원했던 수준에 이르지 않아 불만이 가득해서 원한을 가지게 된 사연을 잘 모를 수밖에 없다. '받을 만큼 주지 않는다'는 현실은 받을 이가 가진 환영에 불과하다. 그래서 받고자 하는 것은 현실 앞에서 늘 미끄러질 뿐이다. 결코 채울 수 없으므로 원한조차도 환영이다. 실제로 존재하지 않는 것에 목숨을 거는 것이다.

그렇다면 간단하다. 받아야겠다는 마음을 내려놓으면 된다. 그런데 그게 쉽지 않다. 인간은 누구나 인정을 받고 싶고, 지지와 격려를 받으려고 한다. 사랑은 햇볕과 같다. 충분히 그 볕을 받아야 자라나고 왕성한 생명력을 발휘할 수 있다. 사랑을 줄 대상은 아예 오리무중이고, 사랑을 받을 방법은 요원하고. 그러면 어떻게 해야 할까?

'나만의 새'는 받고 싶은 마음을 충분히 받아준다. 인간이 아니어서 가능하다. 언제, 어디서나 만날 수 있다. 늘 원하는 것만큼 기꺼이 베풀어주고, 미처 생각하지 못할 때조차 다가와서 포용해준다. 그런 것이 어디 있냐고 부인하거나 강하게 반발만 하지 않으면, 적어도 '나만의 새'가 존재한다고 인정하고 이름을 붙여주기만 해도 된다. 방법은 이렇다.

내가 엄마의 자궁 안에서 탄생되던 순간에 함께 내 마음에 존재하던 새이다. 천사의 속성을 지닌 이 새는 비난과 비판을 하지 않는다. 못해서 그러는 것이 아니라 너무나 아름다운 마음을 가지고 슬기롭기에 그렇게 하지 않는다. 내 과거와 현재를 너무나 잘 알고 있다. 내 마음에 살고 있었기 때문이다. 이 새의 특징과 모습을 그대로 떠올려서 이름을 지으면 된다. 이름을 지은 다음 새 이름을 세 번 부른다. 새는 지금 당장, 내게로 날아와서 내게 얘기를 건다. 위로와 지지, 격려와 포옹의 메시지를 내게 들려준다. 때때로 이 새를 과거의 한 순간 속으로 보낼 수도 있다. 위로가 절실한 과거의 어느 순간에 '나만의 새'가 날아가서 과거의 나를 만나서 메시지를 전해주고 오기도 한다. 혹은 부르지도 않았는데 그냥 지금, 현재, 이 순간의 내게 다가오기도 한다. 나만의 새는 에너지가 있다가 없다가, 커졌다가 작아졌다가 하지 않는다. 항상 늘 빛나고 아름다운 에너지를 가지고 있다. 변함없는 무한한 에너지를 가진 새이다. 마음의 중심에 존재하는 '빛' 가운데 살고 있기 때문이다. 마음의 핵심인 '빛'은 내 마음 혼자 존재하는 것이 아니다. 내 마음의 핵심에는 우주의 에너지 혹은 신이 함께 자리하고 있다.

내 마음의 새는 '방울새'이다. 몸 전체가 연분홍빛인데 커다란 방울처럼 생겼다. 부리는 병아리처럼 약간 튀어나온 정도다. 크기는 양 주먹을 합친 정도인데 방울새의 꼬리는 몸의 세 배 정도로 길다. 움직일 때마다 오색찬란한 빛 가루가 쏟아진다. 현명하고 슬기롭고 따뜻한 새여서 내 과거를 알 뿐만 아니라 미래까지 내다보고 있기도 하다.

아이 캔 두 잇!

언젠가 나는 아침도 못 먹고 집 여기저기를 뛰어다니며 출근 준비를 하고 있었다. 나를 챙기는 것이 아니라 어머니를 챙겨야 했다. 아흔이 넘은 어머니의 아침 식사 시중을 들고, 나중에 드실 점심 식사를 차려놓고 설거지를 하고 이런 잡다한 일을 하고 있었다. 빨리 출근을 해야 하는데, 주방일이 끝나지 않아 조바심이 났다. 종종 걸음으로 이리저리 뛰어다니다가 바닥에 고인 물에 미끄러졌다. 엉덩방아를 찧는데 갑자기 눈물이 났다. 이건 어떤 삶이지? 어머니는 느긋하게 밥을 먹고 나서 과일까지 챙겨 먹고 있는데, 나는 아무것도 먹지 못한 채 시간에 쫓기고 있었다. 갑자기 설움이 밀려왔다. 주저앉은 채 소리 내어 엉엉 울었다. 그렇게 운지 5초도 안 되어 이상한 일이 벌어졌다. 방울새가 내 오른쪽 어깨 위에 내려앉아서 이렇게 말했다.

많이 힘들지? 애쓰는구나. 기운 차리거라.

나는 눈물을 손으로 쓰윽 닦고는 일어났다. 방울새가 여전히 내 오른쪽 어깨 위에서 다정하게 말했다.

힘내야 해. 널 응원해!

넘어졌던 그 순간, 내가 방울새를 불러냈다고? 그렇지 않다. 나

자기 부정을 이겨 낸 타오 이야기

는 그렇게 급박한 순간에 방울새를 떠올리지 않았다. 그저 방울새가 나를 찾아온 것이다. 평소에 자주 내가 방울새를 떠올려서 그런 것일지도 모른다. 그 메시지를 듣고 나서 불안하고 초조한 마음이 사라졌다. 그날, 그 순간 내가 가진 스트레스는 어디로 사라져버리고 없었다. 나는 개운한 마음으로 구순 어머니한테 웃으면서 인사를 하고 집을 나설 수 있었다.

이번 회기 심상 시치료는 '담장' 기법이다. A4 용지를 세로로 길게 세우고 가로로 줄을 긋는 것으로 담장을 표시했다. 안쪽은 내가 있는 곳이고 바깥쪽을 세상이라고 말했다. 바깥에서 안으로 화살표시를 하고, 안에서 바깥으로 화살표시를 하게 했다. 내가 있는 안에서 바깥으로 화살을 표시한 쪽에는 내가 세상으로부터 줄 수 있는 것을 적어보자고 했다. 반대로 바깥에서 안으로 한 화살 표시에는 내가 세상에서 받은 것을 적어보자고 했다.

내가 세상으로부터 받는 것:
부모, 형제, 글, 뜻, 시간, 세상의 삶, 생사고락, 일장춘몽, 인연, 악연, 종교, 깨달음, 음악, 시, 문학, 연극, 아름다운 눈, 오로라, 지평선, 수평선, 쏟아지는 별, 친구, 고생, 생각.

내가 세상한테 줄 수 있는 것:

아이 캔 두 잇!

세금, 국방의 의무. 부모란 무엇인가? 궁금증, 말로 생기
는 병. 세 치 혀로 짓는 병.

타오는 세상한테 줄 수 있는 것을 적으면서 횡설수설하기 시작
했다.

"그래서 세 치 혀를 잘 놀려야겠다고 생각합니다. 여자란 무엇인
가? 무게. 사람은 저마다의 무게를 가지고 태어납니다. 그 무게를
알려주고 싶어요. 실책하면, 좋은 것이 오다가 나쁜 것이 와서 실
책하게 되지만 그걸 이겨낼 수 있는 것이고, 먼저 겪어봤기 때문
에 그걸 알려주고 싶어요."

타오의 이 말을 어떻게 해석하면 좋을까? 혹시 이런 뜻일까?

타오가 누군가에게 실언을 했거나 혹은 누군가 타오에게 그렇
게 해서 상처를 입은 적이 있었는지는 모르겠지만, 말을 통해 그
런 인상적인 일을 겪은 것 같다. 그것도 '여자'에게 그러지 않았을
까, 하는 짐작을 해본다. 그러면서 여자를 통해 삶의 무게를 지게
된 것 같다. 그 무게를 떠올려보면, 실은 여자인 어머니로부터 태
어날 때부터 삶의 무게는 이미 지워지게 된다. 그러니 인간이 저
마다 태어날 때부터 삶의 무게를 지니고 있다고 할 수 있을 것이
다. 살다가 실책을 하게 되면, 나쁜 상황을 만날 수밖에 없게 된
다. 그렇지만 분명히 그것 또한 이겨낼 수 있다. 나는 이미 바닥을

자기 부정을 이겨 낸 타오 이야기

치는 경험을 해봤기에 이렇게 말할 수 있고, 이겨낼 수 있다는 사실을 세상에 알려주고 싶다.

나는 '무게'의 의미가 무엇인지 물어봤다.

"무게는 '무지개'이기도 해요. 무지개는 소나기나 큰비가 오고 난 뒤에 생기니까 고난 끝에서 볼 수 있는 아름다운 무게입니다. 다 고난이 있거든요."

역시 비약이 있긴 하지만, 아름다운 언어유희이기도 했다. 무게는 무지개라니! 고난 끝에서 볼 수 있는 무지개! 무게! 나는 '긍정 깨달음의 문'을 여는 의미로 다시 말해보자고 했다.

"세상에는 허울 좋은 무지개를 쫓는 사람들이 많지만, 빛과 소금이 되라는 말씀처럼 해야겠습니다. 중학교 국어 시간에 제가 이런 말을 한 적이 있습니다. '땀 많고 눈물 많고 흘리는 피만큼 자기 무게와 삶이 바뀝니다. 잘 될 수 있습니다.' 태어나는 순간 하나님이 제 마음속에 와 계신다고 믿습니다. 그런데 사탄이 겹치니까 중심을 못 잡으니 악으로 가게 됩니다만, 중심을 잡는 게 그게 쉽지 않습니다. 뿌리는 내리는 중이지만, 그게 좋은 밭인지 돌밭인지는 잘 모르겠습니다."

무게가 무지개로 둔갑한 것처럼, 타오의 말을 들여다보면 이런

아이 캔 두 잇!

뜻으로 해석할 수 있었다.

무지개를 얘기했지만, 세상에는 허울만 좋은 무지개, 잡히지도 않는 무지개를 쫓아가는 허황된 이들이 많다. 그렇지만 빛과 소금이 되라는 말씀대로 살아야겠다. 중학교 국어 시간에 내가 했던 말이 있었다. 땀과 눈물, 피를 흘리듯이 열심히 살아야만 자신이 가진 무게를 감당할 만큼 성장하고 삶이 긍정으로 바뀔 수 있고, 잘될 수 있다고. 태어나는 순간, 이미 내 마음속에는 하나님이 존재하고 계신다고 나는 믿는다. 한 번씩 사탄이 들어와서 중심을 흔드는 것 같아서 악으로 가게 되는 경우도 있었다. 중심을 바로 잡는 게 쉽지 않았다. 지금 내 삶은 뿌리를 내리는 중인데, 좋은 밭으로 뿌리를 내렸는지 돌밭으로 내린 것인지는 아직 모르겠다.

타오의 말은 진솔했고, 그 뜻을 따라가 보면 희망이 느껴졌다. 내 마음의 중심에서 뻗어가는 뿌리는 좋은 밭일까, 돌밭일까. 나는 바로 그 점을 마음 안으로 들어가서 알아보자고 했다. 눈을 감고 복식 호흡을 열 번 정도 하자고 했다. 온몸을 이완한 뒤 심상 시치료 멘트를 들려주었다.

지금, 나는 담을 가지고 있습니다. 세상과 경계가 지어져 있지만, 세상과 소통이 가능해서 누구든 기댈 수 있고, 따라 걷고 싶어지는 아름다운 꽃담입니다. 꽃담의 느낌을 그대로 느껴보시기 바랍니다. … 이 담을 넘어서 나에게 들어오는 것이 있습니다. 지금, 이 담을 넘어서 나에게 들어오는 것을 그대로 느껴보시기 바랍니다. … … 이 담을 넘어서 세상한테 보내는 것이 있습니다. 지금, 이 담을 넘어서 세상과 자유롭게 소통하는 이 느낌을 그대로 간직해 봅니다. 문득, 떠오르는 누군가가 있습니다. 그 누군가와 나는 꽃담을 넘어서 소통하듯이 함께 소통합니다. 그 상대방과 나는 꽃담을 넘어서 내가 떠올린 대로 전해 받고, 전해줍니다. … … 지금, 이 느낌을 그대로 간직합니다. 이 느낌을 간직한 채 세 번을 세면 눈을 뜨시면 됩니다. 하나, 둘, 셋!

눈을 뜬 다음, 방금 한 체험을 들려달라고 했다.

"담이 좀 높았어요. 제 키보다 높은 담이었어요. 장미꽃을 세상한테 줬어요. 꽃은 좋으나 가시가 싫어서 그게 나한테 쓰레기가 되어 돌아왔어요. 빨강 장미꽃이었습니다. 그리고 떠오르는 사람은 초 3때의 첫사랑인데요. 온통 거울 속의 세상이 되었어요. 나 혼자 있었는데 주위에 거울이 있었어요. 거울은 굴절이 되고 시선에 따라 달라졌어요. 나는 거울 속의 내 모습을 보고 있었어요. 좀 일그러져 보이기도 했어요. '애썼다. 애썼어.'라고 말해줬어요."

아이 캔 두 잇!

내 키보다 높은 담에서 장미꽃을 세상한테 주는 나를 상상한 타오. 초 3때 했던 첫사랑. 그런데 거울 속처럼 세상이 굴절이 되어 보이고 시선에 따라 달라지게 보였다. 거울속의 나는 좀 일그러져 보이기도 하고. 그렇지만 나는 나한테 애썼다고 위로해주고 있었다는 것이다. 나는 세상한테 빨강 장미꽃을 줬는데 세상은 쓰레기를 던져와서 혹시 화가 나지는 않았는지 물어보았다.

　　"네, 화가 나지 않았습니다. 내가 선택을 잘못했다는 생각이 들었어요. 장미꽃 말고 튤립이나 코스모스를 심었으면 더 좋았을 걸. 그런 생각이 들었어요."

　　타오는 의외의 답을 해왔다. 화가 나지 않았다고. 원인을 외부로 돌리지 않고 내면에서 찾으려고 하는 건강한 신호였다. 내가 '선택'을 잘못한 것 때문이라고 시원스럽게 생각하는 타오. 한 걸음 더 걸어 들어가보아야 했다. 나는 그래도 튤립이나 코스모스가 아니라 스스로 선택해서 장미꽃을 심은 이유를 물었다.

　　"집이 생기면 장미꽃이 있는 멋진 담장을 가질 겁니다. 가시가 있어도 감수할 겁니다."

　　나는 멋진 말이라고 하며, 초 3때의 첫사랑의 모습은 어땠는지 물어보았다.

자기 부정을 이겨 낸 타오 이야기

"이름은 기억나지 않는데 너무 순수해서 아직 뭘 모르는 나이입니다. 짓궂은 짓을 많이 했어요. 순수해서요. 그때 왜 선생님이 다른 아이를 편애했는지 모르겠어요. 돈에 길들여서일까요? 화장실이 급하다고 했는데 말을 안 들어줘서 그냥 옷에 싸기도 했어요. 여자아이는 밝은 표정으로 '괜찮아, 그럴 수 있어. 네 잘못이 아냐. 선생님이 잘못했어.'라고 해줬어요. 그렇게 말해줘서 나는 울면서 창피해하면서도 고맙다고 했어요. 나한테 그랬던 선생님은 중학교 동창 아버지였어요. 군대 갔다 와서는 보니까 암으로 세상을 떠나셨더라고요. 그 시절이 좋아요. 다시 한번 사랑을 하고 싶어요. 제가 늦게 트여서 지금에서야 고맙다고 했지만 부족합니다. 충분히 표현도 못 했고요. 저는 6학년 때까지 똥을 바지에 쌌어요. 급해서요. 옆의 짝꿍이 도와서 치워줬어요. 나체로 집에 가기도 했어요."

그게 사실일까? 알 수 없는 노릇이다. 또 다른 말에 의하면, 타오는 초등학교 시절에 즐겨 독서를 하는 희망 가득한 소년이었다. 거울처럼 굴절된 감각으로 보게 되면, 대소변을 바지에 하고 나체로 집에 갔던 소년이기도 했다. 어떤 것이 직접 겪었던 일인지는 알 수 없지만, 분명한 것은 어린 시절부터 타오는 위로와 격려, 따뜻한 공감이 절실했다는 것이다. 마음속에서 순수한 첫사랑의 이미지를 떠올리면서 했던 말속에서 삶의 치명적인 오류를 감싸줄

아이 캔 두 잇!

수 있는 따뜻한 존재를 그리워했을 거라는 짐작이 갔다. 나는 방금 눈을 감고 체험한 이야기를 다시 정리해보자고 했다.

"사람은 다 미완성이다. 너무 완벽주의자가 되려고 하지 말아라. 두루뭉술하게 살아야 한다. 얼굴로 철 가면을 쓰고 변신할 줄도 알고 낯짝도 두꺼워질 수도 있고. 나는 예전에 그러지 못했어요. 순수했지만, 모 아니면 도라고 늘 날이 서 있었지요."

타오는 순수와 비순수로 세상을 나누는 것을 이제 멈추고 있었다. 부족하고 모자라고 외로운 인간들을 생각하면 모두가 미완성일 뿐이다. 그러니 완벽한 사람은 하나도 없으니 결핍된 채로 미완성이라는 사실을 수용하면서 살아야겠다는 것이다. 타오는 경계의 상징인 담이 기대고 버틸 수 있는 담으로 다시 의미를 세우는 순간을 가지고 있었다.

다음 시간까지 해야 할 과제를 제시했다.

첫째, 버드새를 아침에 만나서 "괜찮아, 잘했어. 잘 될 거야."라는 메시지 듣기.
둘째, 날마다 "나는 나를 사랑하고 존경합니다"라고 하루에 세 번 이상 말하기.
셋째, 긍정의 깨달음과 용서의 내용으로 아버지한테 보

자기 부정을 이겨 낸 타오 이야기

내는 편지 써오기.

이번 회기 참여 소감을 묻자 타오가 이렇게 대답했다.

"옛날에는 담장이 낮아서 이웃 간의 정도 많았는데 지금은 담이 높아서 삭막하기 그지없습니다. 그래도 따뜻한 많은 분들이 있습니다. 가끔 세상이 나를 시험하는 듯해서 욱하는 것이 올라옵니다. 콱 쥐어박고 싶은 사람이 있고, 생각 좀 하고 살아라! 이런 말을 하고 싶기도 해요. 난다긴다 해도 늘 나보다 나은 사람이 있다고 생각해야 하는데……"

담장으로 시작해서 사람으로 이야기를 끌고 있었다. 낮은 담장에서 이웃이 수시로 드나들고, 함께 인정을 나누면서 살았던 옛날 풍습을 떠올렸다. 지금의 담은 높고 삭막해서 자신의 것들만 지키느라 혈안인 채이다. 그렇지만 따뜻한 분들이 많다. 가끔은 세상이 나를 시험하려는 듯 끓어오르는 화를 주체할 수 없을 때도 있다. 쥐어박고 싶거나 막말을 하고 싶을 때도 있다. 너무 자존심을 앞세우면서 자만하는 이들도 많다.

의미가 있는 말이지만, 나는 다시 이번 회기 참여 소감을 말해 달라고 했다.

"우물 안 개구리가 우물 밖으로 나왔는데 담장을 아직 못 넘었다.”

타오가 이렇게 말했다. 뚱딴지 같지만, 있는 그대로를 수용하면서 물어보았다.

"그래도 우울 밖으로 나오셨군요. 대단합니다. 언제 나왔을까요?"

타오가 답했다.

"10년 전에요."

나는 다시 답했다.

"그러면 이미 개구리가 아닌 것 같아요. 아마도 변신 중일 것 같습니다."

이렇게 말하자 타오는 원래 자신의 별명이 '청개구리'라고 했다. 모든 것을 삐딱하고 반대로 한다고 해서 붙여진 이름이라는 거였다. 나는 '긍정 깨달음'으로 다시 별명을 지어보자고 했다. 타오는 공책에 파랑 색연필로 이렇게 적었다.

푸른 바다에 비친 하늘

오! 타오는 '하늘'이었다. 그것도 푸른 바다에 비친 '하늘!' 아름

자기 부정을 이겨 낸 타오 이야기

다운 시적인 표현이라고 하자 타오가 소리내어 웃었다. 나는 앞에서 나눴던 대로 이제 타오가 마음의 뿌리를 어디에 내리고 있는지 적어보자고 했다.

나는 아름답고 비옥한 마음에 뿌리를 내린다.

적은 글을 소리내어 읽으며 타오는 웃었다.

"궁금증이 풀렸습니다. 제가 제대로 뿌리를 내린 것이 맞군요."
나는 축하의 박수를 보냈다. 시설 내 프로그램실을 나서면서 타오는 이런 말을 남겼다.

"가만히 있지 않고 도전해야 합니다. 통증은 있지만, 뭐, 하얗게 태워야죠. 일이 곧 진통제입니다."

여섯 번째 만남

삶이 힘든 것은 맞지만

어떤 대학생한테 들은 적이 있다. 우울증이 있어서 1년 전에 6개월간 정신과 약을 복용한 적이 있었다. 학교에 입학해서는 학업에 전념하기 위해 임의로 정신과 약을 끊었다. 그런 다음 학교 내에서 진행하는 무료 상담 신청을 했다. 상담전문가와 한 번에 한 시간 정도, 일주일에 한 번씩 석 달을 만났다. 일상 이야기를 주로 했다. 상대편의 입장이나 객관적으로 생각해보라는 말을 들었는데 잘되지 않았다. 그렇게 시도는 해봤지만, 골치가 아파서 힘들기만 했다. 그 대학생이 기대했던 것은 '에너지'였다. 부정 에너지에서 긍정 에너지로 변화하기를 기대했지만, 전혀 그런 기미는 보이지 않았다. 에너지 변화는 쉽지 않다. 그렇지만 에너지가 변화하지 않은 채 치유가 일어나지는 않는다. 치유는 한마디로 하자면, 부정 에너지에서 긍정 에너지로 바뀌는 것을 말한다. 그렇게 할 때 '항상성'이 긍정으로 이어질 수 있다.

삶이 힘든 것은 맞지만

항상성은 변하지 않는 성질을 말한다. 항상성이란 인체 내의 균형 잡힌 상태, 인체 구조 내에서 불변하는 상태를 말하며 외부의 환경 변화나 내부의 스트레스의 영향에도 불구하고 정상 범위를 유지하려고 하는 상태를 말한다. 19세기 중반 프랑스 생리학자 클로드 베르나르Claud Bernard가 항상성을 처음 소개했다. 세포가 정상적인 기능을 하기 위하여 변함없는 환경이 필요하다. 인체 세포의 환경 곧 혈류를 통해 공급되는 체액은 언제나 모든 세포를 감싸고 있으며, 이를 인체의 내적 환경이라고 한다. 세포가 생명의 기본 구조와 기능 단위라는 것을 발견하게 되면서 생리학자들은 불변하는 내적 환경 유지의 중요성을 인식하게 되었다. 미국의 생리학자 캐넌 Walter B. Cannon은 버나드의 세포 환경 개념 곧 내적 환경을 보완해서 20세기 초에 항상성의 개념을 정립하였다. 즉, 신경과 호르몬의 분비가 원활할 때 항상성이 잘 이뤄지며, 인체는 최적의 상황으로 유지될 수 있는 것이다.

항상성은 신체 내부의 기관과 자율신경에만 있지 않다. 마음과 정신의 항상성 또한 존재한다. 심리적 항상성은 인체의 기능을 안정적으로 조절하려는 생체적 항상성과 달리 '일정한 심리적 상태'로 형성된 것을 의미한다.

심리적인 상황을 크게 나눠서 긍정과 부정이라고 할 때, 부정은 원래의 긍정에서 파생되어 나온 것이지만, 이미 부정으로 형성되었을 때는 '심리적 부정 항상성'이 작동하게 된다. 심리적 항상성이 원래의 조절 능력을 잃고, 왜곡되고 변형하여 축적될 때, 여러 가지 조건이 바뀌어도 대상은 항상 같게 지각한다. '심리적 부정 항상성'으로 말미암아 현실은 심하게 뒤틀리고 어그러진 채 되풀이되는 것이다. 원래 가진 건강하고 긍정적인 항상성이 그 반대로 작용하게 되어 변형을 일으킨 경우가 시작점이라고 할 수 있을 것이다. 항상성이 깨졌다는 표현 대신 심리적으로 부정적인 항상성이 형성되었다는 표현을 쓰는 이유는 바로 '항상성'의 개념이 일정한 상태를 '유지하려는 성질'에 있기 때문이다. 이미 형성된 대로 유지하려는 속성이 심리적으로도 그대로 작용하기 때문에 항상성의 개념을 빌려와서 이해할 수 있을 것이다.

즉, '심리적 긍정 항상성'은 긍정적 에너지를 발현시키는 쪽으로, '심리적 부정 항상성'은 부정적 에너지를 내는 쪽으로 일정하게 유지하는 것이다. '부정적 심리'는 정도에 따라 다르겠지만, 다른 말로 표현하면 이상심리나 정신병리라는 말을 사용할 수도 있다. 심리적 항상성이 자리 잡는 기간은 개인에 따라 다르나 대개 3개월에서 6개월부터 시작한다. 보편적으로 많이 사용하고 있는 미국 정신과 협회에서 출간한 정신 장애 진단 및 통계 편람에서 진단명으로 확증하기 위한 증상에 대해 확정하는 매뉴얼을 보면, 대략 이러한 기간 동안 일어난 정신적 증상을 기준으로 삼아서 진단을 내리고 있다.

삶이 힘든 것은 맞지만

따라서 이미 형성된 긍정이나 부정의 항상성이 순식간에 급속히 와해되어 일정한 흐름을 벗어나게 되는 경우는 거의 없다. 시간을 두고 순차적이고 지속적인 자극으로 인해 에너지의 흐름이 바뀌게 된다. 심리적 항상성 또한 항상성이 가진 속성대로 일정하게 움직이기 때문이다. 긍정 항상성이 원활한 경우라면 대개 큰 스트레스나 충격이 닥쳐온다고 하더라도 일시적인 반응 이후에는 원래의 긍정 항상성이 작동하게 된다. 부정 항상성이 오래도록 작동한 경우라면 긍정적인 자극을 받게 될 때, 일시적으로 환한 느낌이 들 수는 있지만 이내 부정적 에너지에 가려 버릴 것이다.

부정 항상성을 가진 사람이 처음부터 그런 기전을 가졌다고는 볼 수 없다. 긍정적 에너지 상태에서 부정적 에너지로 변성을 일으킬 때까지는 일정한 기간이 필요하다. 이미 부정이 형성된 상태라면, 그 부정을 긍정으로 변환시키기 위해서는 지속적이며 막강한 긍정적 자극이 있어야 한다. 인간의 마음은 가만히 내버려두면 '긍정성'을 지킬 것 같지만, 그렇지 않다. 그것은 엔트로피 법칙 때문이다.

열역학 제2 법칙은 전체 계system의 엔트로피entropy는 항상 증가하는 방향으로 일어난다는 것이다. 즉, 우주 전체의 엔트로피가 감소하는 변화 현상은 일어날 수 없다. 엔트로피는 '무질서도'라고 할 수 있다. 이러한 엔트로피 법칙을 심리적으로 가져올 수 있다. '심리

자기 부정을 이겨 낸 타오 이야기

적 엔트로피'는 이러하다. 어떠한 상황 속에서 가만히 내버려 두면 심리적으로 무질서하게 흘러갈 수밖에 없다. 그것은 무의식에는 여러 원초적 충동과 욕망이 들끓기 때문이다. 환경이나 상황에 휩쓸려 떠밀려 내려가지 않는 중심, 자신의 마음을 다시 들여다보는 마음, 내 안에 존재하는 참다운 나에게 초점을 맞추는 것은 반엔트로피가 작동하는 것이다. 따라서 심리적 부정적 항상성을 변화시키는 작용의 기전은 심리적 반엔트로피가 활발하게 작동하도록 하는 것이다. 부정적 에너지는 어둠과도 같다. 어둠을 물리치기 위한 가장 탁월한 방법은 빛을 불러오는 일이다. 빛과 어둠은 공존할 수 없다. 빛이 들어오는 만큼 어둠의 영역은 좁아진다. 인간이 육체를 가지고 살아있는 한 오로지 빛만으로 살 수는 없는 노릇이다. 그렇지만 어둠의 자리보다 빛의 자리를 훨씬 더 많이 차지하게 할 수는 있다. 빛의 자리가 많을수록 영적으로, 정신적으로 건강하다고 말할 수 있다.

심리적인 차원에서 긍정적인 항상성은 회복 탄력성resilience과 관련이 있다. 적응 유연성이라고도 번역하는 이 개념은 역경, 트라우마, 위협 등의 스트레스원을 만나게 되었을 때 적극적으로 행동하는 역동적인 과정을 일컫는다. '다시 되돌아오는 경향', '회복력', '탄성'의 뜻을 지닌 회복 탄력성은 스트레스나 역경에 적극적으로 대처하고 시련을 견뎌낼 수 있는 능력을 의미한다. 또 역경이나 어려움 속에서 그 기능수행을 회복한다는 의미를 지닌다. 누구나 시련과 역경을 마주하게 되는 순간이 있다. 강철이나 무쇠같이 이를 대처해가는 것만이 건강한 것이 아니다. 작용이 있으면 반작용도 존재한다. 어떤 피치 못할 불운한 상황을 마주해야만 했다면, 마음이 아프고 쓰라리기 마련이다. 그런 상황이 닥쳐도 아무렇지도 않다고 여기는 경우라면, 이미 마음이 과부하에 걸린 것이라고도 볼 수 있다. 자연스럽지 않은 것은 아픈 것이다. '심리적 긍정 항상성'이란 역경에 부딪혀서도 부자연스러울 정도로 무쇠처럼 강하게 대처해나가는 것을 의미하는 것이 아니다. 상황에 따라 자연스럽게 감정과 정서의 흐름에 의해 사유가 멈추거나 흐려지거나 부정적으로 흐를 수 있다. 다만, 이러한 부정적 흐름이 그대로 더 부정적으로 흐르거나 걷잡을 수 없이 가라앉아 버리지 않는 것을 말한다. 회복 탄력성을 은유적으로 설명하자면, 어둠을 만나게 될 때, 계속 어둠 속에 빠져 있지 않고 벽면을 더듬어 스위치를 켜서 빛을 밝히는 것이다. 완연한 어둠을 느끼면서 어둠 속에서 침잠해 있지 않는 힘, 벽면을 더듬어가는 힘, 마침내 스위치를 누르는 힘은 모두 심리적 긍정 항상성 때문이다. 그러한 고난과 역경을 극복한 경험이 결국 삶을 성공으로 이끌 수 있다. 성공은 원하는 목표물을 성취하는 데 있는 것이 아니다. 성공은 '역경을 극복하는 것'이라고 새롭게 정의 내릴 수 있다. 이것이 심상 시치료에서 말하는 성공의 정의다.

한편, '심리적 부정 항상성'이 작동하는 경우에는 대개 어둠이 익숙하다. 급기야 어둠을 헤쳐 나오려는 그 어떤 노력도 하려고 하지 않는다. 결국 그것이 자포자기로 이어지고 만다. 살아가면서 연달아 일어나게 되고 끊임없이 경험하는 좌절과 정서의 단절, 의미 있는 대상과의 불통이 빚어낸 결과이다. 앞의 비유로 설명해보자면, 어두운 공간에 들어서는 즉시 이렇게 느낀다.

> 역시, 어둠이 다시 왔군. 낯익은 어둠. 늘 살아왔던 처지와 상황. 한치도 벗어날 수 없는 내 처지. 내 운명이 그러면 그렇지. 어디 달라지겠어?

이러니 어둠 속에 웅크리고 앉아 모든 것을 어둠 속에 파묻어 버리게 된다. 빛이 들어온다고 해도 그런 변화 따위를 믿지 않는다. 스스로 인식한 어둠은 빛조차도 오래 머물러 있지 못하게 만들어버린다. 애써 켠 스위치를 내려서 차단해버린다. 이러한 심리적 부정 항상성이 작동하는 것은 '자기 인식' 때문이다. 개인의 경험으로 만들어진 인식 때문에 스스로 자신만의 어둠을 되풀이해서 창조해내는 것이다. 각종 사건과 사고, 대인관계의 단절, 과도한 경쟁의식과 비교의식, 비판과 평가, 실적과 결과를 중시하는 관행, 물질과 금전주의, 외모와 젊음지향주의라는 현대사회의 특징으로 인해 이러한 자신을 부정하는 인식이 점점 늘어나고 있다. 현대인들은 정

삶이 힘든 것은 맞지만

도의 차이가 있으나 누구든 심리적 긍정 항상성이 아니라 부정 항상성에 매몰되어 있거나 자기도 모르는 사이에 그렇게 진행되는 과정에 있는 경우가 태반이다. 그것을 단적으로 드러내는 감정이 바로 '불안'이다. 한 치 앞을 보지 못하는 인간은 원래 불안을 안고 태어난다. 이런 실존적인 불안 외에도 불안정한 사회현상과 일상, 삶에 대한 불안이 잠재되어 있다.

'심리적 부정 항상성'은 원래의 '심리적 긍정 항상성'이 왜곡되어 나타난 것이다. 이러한 심리적 부정 항상성의 작동을 주목해야 한다. 그냥 내버려두면 심리적 엔트로피 작용이 일어나서 끝없이 부정으로 매몰될 수밖에 없다. 부정성의 가장 기본 단위는 바로 '자기 자신'이다. 문제 안에 답이 있다. '자기 인식'은 부정적 항상성을 긍정으로 되돌릴 수 있는 절묘한 비법이다. 바람직한 자기 인식이란 어두운 곳에서 눅눅하고 축축하게 습기로 가득 차 있는 무의식을 의식 차원으로 끌어올리는 것이다. 햇볕을 충분히 쬐도록 해서 습기를 증발하고 잘 말라 보송보송해진 상태로 돌려놓는 것을 의미한다. 무의식 깊이 스며든 습기와 곰팡이를 제거하기 위해 의식으로 끌어올리는 것은 바로 '알아차림'으로 인해서이다. 무의식은 알지 못하는 마음을 의미하기 때문이다. 알지 못하는 것을 알아차리는 것은 골방에서 벗어나 찬란한 햇빛 아래 마음을 두는 것이다. 그렇게 할 때 찬란한 태양의 햇살로 퀴퀴한 냄새가 증발하고 마음은 그윽

한 향기를 내뿜게 된다. 우주의 삼라만상에 존재하는 모든 생명체에는 스스로 정상 상태를 유지하려고 하는 자연 복구력, 항상성의 긍정적 원리가 존재하며, 이러한 항상성이 온전히 제대로 작동할 때 이를 '치유'라고 할 수 있다.

이런 의미에서 볼 때, '심리적 부정 항상성'이 '심리적 긍정 항상성'으로 변화가 일어나게 된 것이 바로 치유의 효과라고 할 수 있다. 그 대학생은 이런 용어를 알지 못하더라도 자신이 '심리적 긍정 항상성'으로 바뀌기를 원했던 것이다.

타오는 갈수록 눈에 띄게 환해졌다. 밝은 표정으로 들어와서 인사를 했다. 타오는 일주일 동안 날마다 일하느라 바빴다고 했다. 같이 일하는 사람들이 일을 잘한다고 칭찬해주더라고 했다. 대개 성격이 급하면 물건을 집어던지면서 일하는데, 타오는 차분히 안전하게 일했다고 한다.

"6미터 바는 들다가 자신이 깔리는 수가 있어서 조심해야 해요. 그리고요. 과제는 다른 것은 했는데 아버지한테 편지 쓰기는 못했어요."

솔직하게 하지 못한 것부터 털어놓았다. 아무래도 타오가 혼자 하기에는 아버지를 떠올리는 과제는 부담스러웠던 것이 분명했다. 그러면 지금 같이 해보자고 했다. 눈을 감고 복식 호흡을 열 번 정도 하자고 했다. 온몸을 이완하면서 호흡에만 집중하자고 했다. 잠시 그렇게 머물도록 한 뒤 세 번을 센 후 눈을 뜨고, 맞은편에 앉은 아버지를 바라보면 된다고 했다. 하나, 둘, 셋!

"이제 눈을 뜨고 맞은 편에 앉은 아버지를 바라보세요. 시선과 표정, 특징을 말해주세요."

내 물음에 타오가 답했다.

"어둡습니다. 시선은 차갑고 나를 바라보고 있어요. 머리는 상투를 틀고 있습니다."

하고 싶은 말을 마음껏 해보라고 했다. 타오가 맞은편을 바라보며 말했다.

"아빠, 23년 전에 나를 왜 막았는지 궁금해요. 그때 나를 잡지 않았으면 아버지한테 있을 텐데. 왜 저를 보냈는지 궁금해요. 이미 부서진 집안인데도 나 때문에 힘들어하는 것을 많이 봤어요. 그때 교통사고 났을 때 왜 돌려보내 주셨는지 아직도 이해가 안 가요. 정말 궁금해요. 차라리 꿈에라도 나와서 뭐라고 얘기해주지 않고 죽겠다 할 때만 나타나니 답답합니다. 사랑하는 아버지. 머지않아 다시 보게 되는 그날 설명해 주세요."

잠시 호흡을 고르더니 타오가 이어 말했다.

자기 부정을 이겨 낸 타오 이야기

"말해 줄 수 없다. 때가 되면 알려주마고 하십니다. 아버지가 가르쳐줘야 하는데 못 가르쳐줘서 미안하다 그러시는군요. 아버지도 많이 힘들어서 그랬던 거니 이해합니다. 어려서 제가 몰라서 그렇게 보내서 죄송합니다."

나는 타오를 일어나게 했다. 아버지의 자리를 가리키며 저 자리에 앉으면 아버지가 된다고 알려주었다. 이제 아버지 자리에 앉아보라고 했다. 타오는 손사래를 쳤다.

"아뇨. 못합니다. 아버지 근처에 가지도 못해요. 아버지는 옆에 오는 걸 싫어하세요. 못 갑니다."

나는 아버지한테 허락을 받겠다고 했다. 아버지가 앉은 것으로 가정한 의자를 바라보며 이렇게 말했다.

"아버님, 여기에 아들이 앉아서 아버지 역할을 대신해도 될까요?"

아버님이 허락하신다고 말하며 타오한테 앉아도 된다고 했다. 여전히 주저하는 타오의 팔을 잡아서 앉도록 했다. 타오는 마치 모험을 겁내는 어린아이처럼 내 등 뒤에 서서 머뭇거렸다. 수 초간 그렇게 주저하다가 겨우 자리에 앉았다. 앉자마자 울음부터 터뜨렸다. 그리고 울먹이면서 말하기 시작했다.

삶이 힘든 것은 맞지만

"너는 나를 닮았구나. 내가 열여덟 살에 군대 들어가서 아픈 몸을 이끌고 탈출했다. 자식들 키우려고 그렇게 했다. 네가 혼자 사는 게 딱하구나. 지은 죄가 많으면 고생이 크다. 원망은 부모한테 하고 잘 좀 살았으면 좋겠다. 너도 알다시피 아들아, 우리 집은 단명이잖냐. 6대 독자였지만 나도 그랬으니 너도 그 길을 갈 거니 굳이 애쓰지 말아라."

타오의 아버지는 그럴듯한 말을 했지만. 여전히 부정에 머물러 있었다. 이래서는 곤란했다. 나는 타오의 아버지한테 부탁했다.

"아버님, 모처럼 하늘나라에서 여기까지 오셔서 아들을 만나게 되었는데, 아들한테 하고 싶은 진심 어린 얘기를 마음껏 해주시기 바랍니다."

이 말을 들은 아버지가 말하기 시작했다.

"미안하다. 아들아. 항상 당당하고 자신 있게 살아라. 미안한 짓 애초에 하지 말고. 이제 마지막, 끝이잖니. 이제 우린 그래. 내 모습이나 네 모습이나 닮아가는구나. 아들아. 아빠 마음 알잖아. 목에 칼이 들어와도 두부라도 썰어야 하잖아. 강직하게 지내고! 알다시피 빨리 포기하는 것도 현명하다. 삶이 힘든 것은 맞지만 되도록 순리대로 살아라. 아직 안 늦었으니 한 번 더 비상해봐라. 그래도

자기 부정을 이겨 낸 타오 이야기

안 되면 그때다 싶을 때 마지막이고 다시 처음이 될 수 있다. 더 잘될 거야. 우리 귀염둥이 막내. 어느새 많이 컸구나. 조금 더 살아서 너하고 술 한 잔 하면 좋으련만. 미안하다. 너와 밥이라도 술이라도 먹을 수 있으면 얼마나 좋을까. 네가 우리 집 장손이다. 딸, 아들이 있으면 뭐하냐. 너밖에 없다. 엄마를 찾아봐라. 내가 그만 가자고 해도 안 가는 네 어미 찾아가서 얼굴이라도 보여 드려라. 좋은 일이 있으니까 끝까지 버텨 봐라."

그리고는 갑자기 나를 한번 힐끗 바라보면서 마저 말을 이어갔다.

"제 맘에 흘러가는 대로 하겠지. 뭘 몰라서 그래. 너, 젊어서 부모 말 잘 들었어야지. 남들처럼 그랬어야 했는데. 집이 그렇게 싫었냐? 내가 너를 때려서 싫었냐? 그러… 미안하다. 나도 아프고 힘들어서 그랬어. 나도 누군가 필요했는데 도와줄 사람이 없어 그랬다. 아들아. 조금만 더 버티고 힘내봐라. 아직은 시간이 많이 남아있다. 아빠 알지? 뭘 더 얘기하냐? 네 모습이 내 모습이란다. 그러면 되지."

나는 타오의 아버지한테 매달리듯 부탁했다.

"타오 아버님, 아들이 하늘의 뜻에 따라서 천명을 다하고 오라고 해달라고, 반드시 그래야 한다고 말씀해주세요."

삶이 힘든 것은 맞지만

타오, 아니 타오의 아버지는 고개를 흔들었다.

"그 말만은 못 하겠소."

타오의 아버지는 완강했다. 나는 타오를 아버지 자리에서 일어나게 했다. 맞은편, 원래의 자리로 가서 앉게 했다. 이번에는 내가 아버지 자리에 앉아서 타오의 아버지가 되었다. 그 자리에 앉으니 눈물이 나기 시작했다. 타오의 아버지가 되었지만, 동시에 내 아버지가 떠올랐다.

아버지는 벽돌 자재 공장을 하다가 부도를 냈다. 내가 막 초등학교를 졸업할 무렵쯤이었다. 어른들이 하는 얘기를 어깨너머로 들었다. 지인이 빌리는 돈에 보증을 서줬는데 지인이 갚지 못하자 아버지가 대신 갚아야 했고, 그 돈이 어마어마하게 커서 결국 사업이 망하게 되었다는 거였다. 아버지가 직접 설계해서 지은 이층 양옥집에서 13평짜리 좁아터진 아파트로 이사했다. 아버지는 사장에서 이삿짐 전문 용달차 기사가 되었다. 그러는 동안 우리 가족은 간신히 먹고살기는 했지만, 늘 불운의 그림자 속에 갇혀 살았다. 한번은 시장통에서 장사하는 아줌마들을 태우고 가다가 사고가 났다. 아버지의 오른쪽 손가락 네 개는 불구가 되고 말았다. 제대로 굽어지지도 펴지지도 않았다. 아버지는 육 년 정도 그렇게 개인용달을 하다가 어느 날, 도저히 못 하겠다며 차를 팔았다. 음대에 가려고 서

울까지 가서 피아노를 배웠던 언니는 아버지가 사업을 그만두게 될 즈음 포기하고 말았다. 몇 번 음대에 낙방하고 나서였다. 배운 재주로 피아노 학원을 열었고, 아버지는 이제 학원 기사를 했다. 언니가 가족을 먹여 살리는 주 수입원이 된 것이다. 어머니의 악다구니가 도를 넘어선 것이 그때부터였다. 어머니가 주로 해온 방식은 아버지가 외출한 즉시 아버지 욕을 엄청나게 퍼붓는 거였다. 이제는 아버지 앞에서 대놓고 욕을 해댔다. 고함을 지르거나 엄마를 한번 밀치지도 않던 아버지. 얼굴에 온갖 고뇌를 묻힌 채 차가운 용달차 안에서 히터도 켜지 않은 채 웅크리고 있던 아버지를 기억한다. 견디다 못한 아버지는 쥐약을 먹었다. 나는 그런 아버지가 미웠다. 간신히 응급실에서 위세척을 하고 며칠 병원에 입원해 있었지만, 나는 아버지를 찾아가지 않았다. 왜 혼자 죽으려고 했어? 나하고 같이 죽지! 갓 스무 살이었던 나는 아버지를 원망했다. 그게 결국 화근이 되었다. 원래부터 위가 좋지 않은 데다가 쥐약은 치명적이었다. 아버지는 예순을 갓 넘기고 위암으로 돌아가시고 말았다.

그 아버지가 그대로 떠올랐다. 그러지 않아야 했는데, 그렇게 자살로 생을 마감하려고 했던 아버지. 희한하게도 나는 타오의 아버지이자 내 아버지이기도 했고, 동시에 나이기도 했다. 아버지의 마지막 날들 동안 나는 아버지 곁에 잘 머무르지 않았다. 위암으로 수술해서 병원에 계셔야 했던 아버지, 요양하고 있던 아버지를 돌봐드리지도 않았다. 한번 불쑥 찾아가서 그냥 나오기만 했다. 그때 조금이라도 지각이 있었더라면, 그러지 않았을 텐데. 나는 너무 철이 없었고 내 안에 갇혀서 늘 자살만 꿈꾸고 있었다.

이제 타오의 아버지인 채로 타오한테 뭔가 이야기를 건네야 했다. 나는 울먹이는 목소리로 입을 열었다.

"아들아, 내가 지금 많이 울고 싶지만, 애써 참는다. 내가 죽어보니, 이렇게 죽는 게 아니란 것을 깨닫는다. 부디, 너는 천명을 다하고 오너라. 그래야 내가 여기에서 편하게 지낼 수 있다. 그동안 내가 왜 너를 막았던 것을 아니? 네가 그런 식으로 여기에 오는 게 아니어서 마음 깊이, 부디 제발 그러지 말라고 빌면서 막은 거란다. 그러니 이 아비 따라하지 말고 천명을 누리다 오너라. 내 인생은 내 것이고, 네 인생은 네 것이다. 부디, 내 말을 들어라."

타오는 바닥으로 시선을 둔 채 고개를 좌우로 흔들고 있었다. 아버지 말을 듣지 않겠다는 저항이었다. 다시 타오한테 자리에서 일어나라고 했다. 타오한테 조금 전처럼 아버지 자리에 앉아서 아버지가 되어 보라고 했다. 대신 나는 타오 자리에 앉아서 타오가 되겠다고 했다. 내가 먼저 시작했다. 타오처럼 시선을 바닥에 두고 고개를 좌우로 흔들며 말했다.

"저는 아버지를 닮았잖아요. 지금도 닮아가고 있으니 곧 아버지

자기 부정을 이겨 낸 타오 이야기

곁으로 갈 거예요."

연이어 타오, 아니 타오의 아버지가 말했다.

"아들아, 넌 쇠고집이야. 그게 문제야. 하늘이 정해준 천명을 누리고 오너라. 제발 아버지 말을 들어라. 그래야 아버지가 여기서 편히 지내다가 다시 환생이라도 해보던가 뭔 수를 내지. 네가 그렇게 오면 아버지는 계속 지옥에 있어야 해. 그러지 마. 천명대로 지내라. 이 아버지 소원이다."

되었다! 타오의 아버지 입에서 천명을 다하고 오라는, 자살은 하지 말라는 말이 나온 것이다. 이 절체절명의 순간에 나는 다시 타오를 일어나게 했다. 속으로 이렇게 말했다. 타오 아버지! 감사합니다. 타오를 맞은편 자신의 자리에 와서 앉도록 했다. 조금 더 대화를 이어가도록 했다.

"알았어요. 아버지. 아버지 말대로 할게요. 대신 빚 좀 청산하게 줄을 당겨봐요. 이게 사람이유 짐승이유. 아셨죠? 숨겨 놓은 쌈지 돈이라도 털어 주든가요. 주실거쥬? 막내잖아유. 저한테 주셔야 제가 밥을 먹고 살아요. 아빠, 뜻대로 해드릴게요. 아버지, 하늘 천명대로 살겠습니다. 놀라지 마세요. 천년만년 살다가 갈 수도 있어요. 요즘 세상 좋아요. 기술이 엄청 좋아졌어요. 아빠 메롱~~~ 앞으로 자살 안 할 거예요. 천년만년 살다가 갈 거예요. 나 천년 사는 것으로 바꿨어요. 아빠, 기다리지 말아요. 제가 빨리 갈 일 없어요. 천수 누리고 갈 거예요. 맨날 미제 미제 그러셨죠? 지금은 코리아 넘버원이에요. 아빠, 좋아하시던 홍어 사 들고 인사 갈게요.”

타오는 아버지 쪽을 바라보면서 환하게 웃으면서 말했다. ‘메롱~’이라고 할 때 익살스럽게 뺨을 살짝 꼬집으며 혀를 내밀기도 했다. 아버지의 표정이 어떤지 물어보았다.

“아빠가 빵! 터졌어요. 웃고 계세요.”

나도 갑자기 빵! 터졌다. 타오의 애교에 혀를 내두를 정도였다. 나는 이제 아버지를 보내드리자고 했다. 나는 아버지가 앉은 빈 의자쪽을 향해 이렇게 말했다.

“아버님, 오늘 오신다고 수고하셨습니다. 이제 아들을 위해 기도하며 축복해주시기 바랍니다.”

타오는 시키지도 않았는데도 일어나서 아버지를 바라보며 섰다. 아버지와 포옹을 했다. 양팔을 벌려 아버지를 얼싸안았다. 잠시 그렇게 있다가 아버지를 보내드리자고 한 번 더 말했다. 타오는 포옹을 풀었다.

“타오 아버님, 감사합니다. 안녕히 가세요!”

아버지가 일어나서 가는 장면을 상상했다. 아버지는 웃으면서 내

자기 부정을 이겨 낸 타오 이야기

어깨를 한번 툭툭치고는 손을 흔들며 하늘로 올라가셨다.

"아버님은 다시 올라가셨습니다."

이렇게 내가 말하자 타오가 고개를 끄덕였다. 지금의 심경을 물어보았다.

"아버지 말은 애달프지만, 지금… 마음이 후련합니다."

나도 같은 마음이었다. 환갑을 갓 넘기고 눈을 감은 아직 검은 머리칼만 가지고 있었던 내 아버지가 내게 이렇게 말하고 있었다. 괜찮다. 염려 말아라. 네가 이렇게 죽음에 대한 생각을 물리치고 건강하게 살아줘서 고맙다. 자랑스러운 내 딸아.

다음 순서로 심상 시치료 〈진달래꽃〉 기법을 준비했다. 마야의 〈진달래꽃〉 MR.을 배경음악으로 해서 타오가 직접 시를 낭송해보도록 했다.

시의 느낌을 물어보자 타오는 이렇게 말했다.

"역겹다고 하면서 가는 이한테 오히려 미안해하는 마음을 실어 보내는 시군요. 보내는 이의 마음이 아파서 가는 길에 꽃을 뿌리면서 사뿐히 즈려밟고 가라고 하는 마음 아픈 얘기예요."

혹시 누가 떠오르는지 물어보았다. 타오는 주저 없이 이렇게 말했다.

"조카사위요. 저보다 한 살이 많은데, 급성 간경화로 저세상으로 갔어요. 처음에는 데면데면했는데 하는 짓이 예뻐서 귀여워했어요. 건강하게 오래 살았으면 했는데 그렇게 가서 마음이 너무 아팠어요. 큰누나 큰딸의 사위예요."

타오는 더 이상 아버지에 대한 회한에 사로잡히지 않았다. 아마도 심상 시치료 빈의자 기법으로 진행하지 않았다면, 타오는 아버지를 떠올렸을지도 몰랐다. 지금 타오는 아버지에 대한 응원과 지지를 받고 편안하게 보내드린 상태였다. 이 느낌은 앞으로도 죽 이어질 것이다. 그렇다면, 지금 떠올린 조카사위에 대한 마음을 수용하며 계속 진행할 수밖에 없었다.

눈을 감고 복식 호흡을 열 번 정도 하면서 온몸과 마음을 이완해보자고 했다. 그런 뒤 다음의 멘트를 들려주었다.

> 나는 어떤 대상을 떠올리고 있습니다. 이 대상과 결별을 떠올립니다. 헤어지는 것이 순리라고 여기며 이를 받아들입니다. 나는 겉으로는 태연한 척하지만, 속으로는 눈물을 흘리고 있습니다. 이 눈물조차도 그대로 받아들입니다. … 나는 지금 어떤 대상과 헤어지고 있습니다. 순리대

자기 부정을 이겨 낸 타오 이야기

로 이를 받아들입니다. 만남이 감사하듯이 헤어짐 또한 감사합니다. 이 모든 것을 순리대로 받아들입니다. 헤어짐 또한 감사합니다. 이 모든 것이 내가 알지 못하는 큰 흐름으로 인한 섭리라고 받아들입니다. 오로지 모든 것이 감사합니다. … 지금, 이 느낌을 그대로 간직합니다. 이 느낌을 간직한 채 세 번을 세면 눈을 뜨시면 됩니다. 하나, 둘, 셋!

눈을 뜨고 나서 타오가 말하기 시작했다.

"조카사위를 떠올렸습니다. 큰애가 초 6, 둘째가 초 3, 막내가 유치원 때 아빠가 죽었어요. 큰애 빼고는 아빠가 죽은 걸 잘 몰라요. 방금, 조카사위가 나타났는데 안타까운 표정이었어요. 근심이 차 있는 모습이었어요. 좀 더 살다 가지 뭐 그렇게 급하다고 갔냐? 똘망똘망한 계집애 세 명을 두고 예쁜 마누라도 두고 갔냐? 조금만 더 있지 술안주도 없이 그렇게 마구 마시더니만… 그게 엄마하고 부딪혀서 그런 겁니다. 살아생전 갈등이 생기고 며느리가 예쁜 게 안 보이는 거예요. 화병이 도져서 낮술 밤술 마시다가… 조카사위야. 내가 너 장례 치르면서 화장터로 들어가는 것은 차마 못 보겠더라. 아빠가 죽은 거 아냐? 하고 애들한테 물으니 큰애는 아빠가 하늘나라로 갔다고 하고 둘째, 셋째는 과자 가지고 싸우고만 있더라. 내가

151

삶이 힘든 것은 맞지만

가는 길에 예쁜 꽃을 뿌려줄게. 그곳에서 네 자식들 돌봐줘라. 네 아내는 시어머니 구박 안 받게 돌봐줘라. 그래도 걔가 어머니 잘 모실 애다. 네 엄마가 질투 나서 그랬어. 키 큰 며느리 봐서 주눅 들어서 그랬지. 하지만 이제 걱정 붙들어 매어라. 네 애들 똑똑하게 잘 크고 있다. 좀 있으면 예쁜 소식들도 많이 전해줄 거다. 우리 조카사위. 장모 말이라면 군말 안 하고 바로 날라왔지? 진작 알았으면 내가 잘 해줬을 텐데. 늦게 알아서 미안하네. 많이 아쉽기도 하고. 그렇지만 잘 가. 애들 걱정하지 말고. 잘 가! 알았지?"

타오는 아까 하늘나라에서 찾아오셨던 아버지한테 하는 식으로 조카사위한테 말을 걸고 있었다. 허공을 보면서 손짓을 하기도 했다. 조카사위의 표정이 어떤지 물어보았다.

"믿는대요. 편하게 보여요. 그래도 나보다 강심장이에요. 지금은 하늘나라로 올라갔어요! 어이, 잘 가!"

나는 타오의 공책에 이렇게 적어보자고 했다.

하늘이 정해준 수명대로 살겠습니다.
행복하게 살겠습니다.

이 글 주위에 심장을 뛰게 하는 빨간색으로 동그라미를 치고 그

옆에 별 다섯 개를 그리도록 했다. 타오는 색연필을 보면서 눈빛을 빛냈다. 빨간 색연필을 집어내어 마치 그림을 그리듯 동그라미를 그렸다. 파랑, 노랑, 분홍 색연필을 사용해서 별을 다섯 개 그렸다.

"프로그램하면서 제가 바뀐 것 중 하나가 입에서 독설하지 마라. 곧 그건 네게 돌아갈 칼날이니. 네가 누구를 정죄하지 마라. 정죄는 하나님께서 하시니 하는 성경의 말씀처럼 사는 겁니다. 독설하지 않고 상대방을 위해 축복기도를 하고 있습니다. 처음에는 누군가를 볼 때 이런 사람일 거라는 선입견을 가졌는데, 그러지 않게 되었어요. 일제 강점기 때 우리나라의 좋은 풍습이 와전되고 전쟁으로 인심이 각박해졌잖아요. 원래 우리나라 민족의 뿌리는 칭찬, 축복, 나눌 수 있는 사랑인데도요. 오늘 진달래꽃에서 나오는 구절들을 반어법이라고 하지요. 말없이 보내 드리고 가시는 길에 꽃을 뿌린다는 얘기는 상대방한테 축복하기를 기원하는 마음이겠습니다. 사뿐히 갈 수는 없지만 가는 길이 가시밭이 되지 말고 꽃길이 되라는 마음이잖아요. 마지막 말이 중요하게 느껴져요. 이 말은 내가 사랑하는 임이 가실 때 마지막 하는 말인데, 말 그대로 천국에 가는 길이니 '아니 눈물 흘리오리다'라는 말은 울 이유가 없는 거잖아요. 기쁨의 눈물이 나면 모를까. 슬픔이 아니라요. 철들고 읽으니 시가 이렇게 다르게 다가오는군요."

삶이 힘든 것은 맞지만

타오는 이치에 맞게 사고를 잘 정리해서 이렇게 말했다. 나는 일리있는 말이라며 고개를 끄덕이면서 들었다.

다음 주까지 해올 과제를 제시했다.

첫째, 버드새를 아침에 만나서 "괜찮아, 잘했어. 잘 될거야."라는 메시지 듣기.

둘째, 하루에 한가지 감사한 것을 적어오기.

셋째, 하루에 한 번 나를 칭찬하기.

이번 회기의 참여 소감에 대해 타오가 말했다.

"많은 것을 처음부터 알고 시작하지는 않아도요. 일본한테 강탈도 당했지만, 문헌을 찾아보면 우리는 축복 받은 사람입니다. 이제는 축복입니다. 얼마나 축복이냐면 나도 축복을 받았으니까요. 우리나라는 하이패스 라인이 있습니다. 고속도로에서 하이패스로 그냥 통과할 수 있는데 우리나라가 그런 나라 중 하나이지요. 최근에 나는 축복을 받았구나 하는 걸 느낍니다. 힘든 과정 중에 하나씩 하니까 되는구나, 이런 생각을 가지면서 일을 하러 가면 젊은 애들도 저보고 잘한다며 도와달라고 합니다. 최근 꿈에서 불이 났는데 아주 거대한 기와집 몇 채에 난 불이에요. 그 불을 그냥 놔두어야 하는데 꺼버렸어요. 꿈에서 불을 보면 운수가 대통이라고 하네

자기 부정을 이겨 낸 타오 이야기

요. 그 꿈에서는 큰불은 끄고 작은 불은 남겼지요. 이제 작은 불꽃이 크게 일어날 거라고 믿습니다. 최근에 문자로 이렇게 긴급지원금을 받을 수 있다고 왔어요. 내년쯤에는 정부에서 마련해주는 임대주택을 알아보려고 합니다."

타오는 활짝 웃으며 프로그램실을 나갔다.

일곱 번째 만남

뭔가를 하게 되더라고요

심리적 긍정 항상성과 부정 항상성의 흐름을 물감으로 떠올려보면 어떨까? 이 비유가 전부는 아니지만, 이해에 도움이 될 수도 있을 것이다. 태생의 조건과 환경이 저마다 다 다르겠지만, 항상성의 차원에서 하얀 물감이라고 상상해보자. 그릇에 한가득 하얀 물감이 풀어져 있다. 순수한 그대로 평생을 살아간다면 더할 나위 없이 좋겠지만, 그럴 수 없다. 살면서 여러 일들을 겪게 되고, 부정적인 영향을 받을 수밖에 없다. 부정을 '검은색 물감'이라고 가정해보자. 하얀 물감에 한 번씩 뜸하게 검은 물감이 조금씩 떨어지면 어떻게 될까? 하얀 물감이 풍성하게 있다면, 그 정도는 잘 티가 나지 않는다. 검은 물감이 자주, 더 많이 떨어지거나 주기적으로 일정하게 떨어진다면? 검은색 물감이 떨어지는 곳에 검은색이 고이게 될 것이다. 이번에는 검은색 물감을 조금씩이 아니라 왕창 들이붓게 된다면? 당연하게도 검은색이 하얀 물감 위에 퍼질 것이다. 어둠이 잠식하듯이 하얀 물감 위에 검은색이 자신의 경계를 넓혀 나갈 것이다.

뭔가를 하게 되더라고요

검은색 물감의 강도가 더 거세어진다면? 이제 검은색 물감의 세상이 될 것이다. 하얀색은 흔적도 없이 사라지게 된다. 마치 처음부터 검은색이었듯이 하얀색은 찾아볼 수 없게 되고 말았다. 이 과정이 바로 심리적 긍정 항상성이 부정 항상성으로 바뀌는 모습이다. 일정한 상태가 유지되는 성질인 '항상성'은 하얀색이 유지되는 동안 항상성이 잘 지켜지고 있다. 검은 물감이 서서히 자리를 잡기 시작하면 항상성은 깨질 위기에 처하게 된다. 그러다가 항상성이 깨지면 걷잡을 수가 없게 된다. 마치 불이 번져나가듯 항상성은 다른 상태로 변화되는 급격한 과정을 밟게 된다. 그런 과도기를 거쳐서 항상성은 다시 형성된다. 이번에는 처음과 다른 부정적 에너지가 흐르는 항상성으로 머물게 되는 것이다.

그 반대의 경우도 떠올려보자. 이제 검은색 물감이 그릇 가득 담겨있다. 마치 처음부터 검은색이었듯이 태연하게 놓은 검은색 물감 위에 하얀 물감이 한 방울 똑 떨어졌다. 아주 가벼운 먼지를 입으로 불며 털어내듯 검은색 물감은 전혀 흔들림이 없다. 다시 하얀색이 떨어졌지만, 마찬가지다. 계란으로 바위를 치는 듯하다. 바위는 꿈쩍도 하지 않는다. 주기적으로 일정한 간격으로 하얀색 물감이 떨어져도 마찬가지다. 빈도를 높여서 하얀색 물감을 떨어뜨리면, 그제야 검은색이 하얀색한테 조그마한 자리를 내준다. 쌀눈 정도의 자리를 내주지만, 그것이 곧 거대한 작업이 되는 시작이 된다. 하얀색 물감은 이제 더 기세를 높이게 되고 떨어지는 횟수도 양도

자기 부정을 이겨 낸 타오 이야기

많아진다. 검은색이 일보 후퇴하기 시작한다. 그러다가 하얀색 물감을 통째로 들이붓게 되면, 검은색은 놀라서 뒤로 자빠진다. 그 서슬에 하얀색 물감은 서슴지 않고 앞으로 돌진한다. 그렇지만 검은색은 진영을 가다듬는다. 하얀색이 검은색으로 되는 양만큼만 대열을 갖추고 있다면 어림도 없다. 검은색은 코웃음을 치면서 하얀색이 제풀에 지칠 때를 기다리고 있다. 검은색이 자취를 감출 리가 없는 것이다. 하얀색이 작정을 하고 검은색의 수십 배, 아니 수천 배가 되는 양을 준비하지 않으면 안 된다. 그렇게 심혈을 기울여서 죽기 살기로 덤벼들지 않으면 검은색은 팔짱을 낀 채 비웃고만 있을 뿐이다. 하얀색이 검은색으로 변하는 것보다 검은색이 하얀색으로 변하는 것은 너무나 힘들고 피나는 노력이 필요하다. 대개는 그 과정에서 포기하거나 도로 검은색 쪽으로 가게 된다. 익숙한 것이 편하기 때문이다. 힘든 과정을 거쳐서 결국 하얀색으로 다시 변했을 때, 이제 더 이상 검은색이 아니다. 하얀색으로 돌아오게 된 것이다.

심리적 부정 항상성이 긍정 항상성으로 변화하는 것은 엄청난 노력과 의지와 실천이 필요하다. 하얀색 물감이 되었다고 쉽게 속단할 수도 없다. 생애 끝날까지 하얀 물감을 떨어뜨려야 한다. 검은색 천지에서 하얀색의 자리가 조금이라도 생기게 되는 것이 바로 항상성이 깨지는 조짐이다. '항상성'이 '깨졌다'는 것은 긍정도 부정

뭔가를 하게 되더라고요

도 아니다. 그저 현상일 뿐이다. 긍정에서 부정으로 가기 위해 깨졌다는 것은 궁극적으로 부정이겠지만, 부정에서 긍정으로 가기 위해 깨졌다는 것은 실은 긍정이다. '깨졌다'는 것이 이왕이면 긍정이 될 수 있으려면 '자극'이 필요하다. 부정 항상성이 맴돌고 있을 때 긍정 자극이 몇 번 정도 들어온다고 하는 것은 소용없다고 치부할 수도 있을 것이다. 그렇다고 하더라도 아예 긍정 자극이 없는 것보다는 낫다. 어쩌다가 한 번 정도가 아니라 주기적으로 자주, 끈질기게 연속해서 긍정 자극이 일어나는 것이 중요하다. 이 자극은 외부의 자극만 뜻하는 것은 아니다. 어차피 내면에서 일어나는 것이므로 자신의 마음에서 이것을 경험해야 한다. 마음의 문을 열고 하얀 물감을 맞이해야 효과가 있는 것이다. 아예 마음의 문을 닫아걸고 있으면 물감은 그릇 위에 떨어질 수도 없다. 긍정 항상성이 있는 경우는 아예 마음의 문을 활짝 열어두고 있지만, 부정 항상성의 경우는 다르다. 아예 문을 닫아걸고 자물쇠를 채우고 있는 경우도 태반이다. 그러니 하얀 물감이 들어올 방법이 없다. 아예 차단해버리게 되는 셈이다.

긍정 항상성은 태어날 때부터 주어지지만, 활짝 열린 마음의 문으로 다양한 자극들이 들어올 수 있다. 부정적 자극이 치명적일 경우 너무나 빨리 쉽게 검은색으로 물들 수 있다. 대개 사춘기 시절, 감수성과 감성이 예민할 때 그렇게 될 경우가 많다. 그러다가 자라날수록 부정 항상성이 폭넓은 자리를 차지하고 마침내 부정 항상성

자기 부정을 이겨 낸 타오 이야기

이 형성된 채로 살아간다면, 그런 에너지 안에서 살아갈 수밖에 없게 된다. 그 어떤 계기로 마음의 문을 두드리는 소리를 듣게 된다면, 그래서 문을 살짝 열게 된다면 놀라운 일이 일어나게 된다. 처음으로 문을 활짝 여는 이는 없다. 두려움에 휩싸여있기에, 또 의심이 많기 때문에 조바심을 내면서 문을 살짝, 아주 조금 열어보는 것이다. 그럴 때 하얀 물감이 열린 문틈으로 바람처럼 날아와서 검은 물감 위에 놓이게 된다. 그 놀라운 일은 기적을 위한 시작이 될 수 있다. 바람과 같이 일어나는 놀라운 현상에 다급하게 문을 닫을 수도 있다. 그렇지만 다시 문을 열게 되면 열린 조그마한 틈새로 하얀 물감이 날아오게 된다. 문을 여는 횟수가 많아질수록 더욱 자주 그런 일들이 일어나게 된다. 그러다가 아예 문을 활짝 열게 되면 어느새 부정 항상성이 긍정 항상성한테 자신의 자리를 내주게 되고 만다.

놀라운 사실은 또 있다. 태어날 때부터 가졌던 하얀 물감은 그릇에 담긴 그대로의 양으로 시작하지만, 항상성이 깨졌다가 다시 항상성을 되찾게 되면 달라진다. 그러니까 하얀 물감이 검은 물감으로 되었다가 다시 하얀 물감으로 되는 과정을 거친 상태에 엄청난 변화가 일어난다. 아예 하얀 물감의 영역 모두가 전부 검은 물감으로 된 것은 아니라고 하더라도 마찬가지다. 사실, 특별한 몇몇 경우 외에는 대개 하얀 물감 전체가 검은 물감으로 변하는 것은 드물다. 그렇게 다시 긍정 항상성을 찾게 되었을 때는 예전의 그 모습

뭔가를 하게 되더라고요

그대로가 아니다. 그릇 중심에서 하얀색이 솟아나게 된다. 샘물처럼 퐁퐁 솟아나는 하얀색 덕분에 더 이상 항상성이 깨질 위험이 없다. 그것이 바로 마음의 기적이다.

심리적 부정 항상성의 경우 마음의 문을 열기만 하면 긍정 항상성을 위한 멋진 기회가 찾아온다. 대부분 마음의 문에 자물쇠를 채워 놓고 평생을 살아간다. 절대 열지 않기 때문에 기회도 없다. 두드리는 소리조차 들으려고 하지 않는다. 아예 귀를 막고 살아간다. 그러다 보니 자신만의 어둠 속에서 세상을 세우고 빠져든다. 그런 상태가 심하게 되면, 병리 현상에 매몰된다. 그런 상태에서도 문을 두드리게 하는 존재는 누구일까? 부정 항상성에서 긍정으로 회복한 뒤에 내면에 하얀색이 솟아나게 하는 존재는 누구일까? 그것은 나 자신이 아니다. 나와 연결되어 있지만, 그냥 내가 아니라 나보다 비할 수 없는 큰 존재가 행하는 일이다. 그 존재를 무엇이라고 부를 수 있을까? 차마 언어로 담아낼 수 없지만, 언어의 한계를 감안하고 표현해보자면, 우주의 에너지 혹은 신이라고 할 수밖에 없지 않은가!

교도소에서 요청이 와서 심상 시치료 프로그램을 할 때가 있다. 심리치료라는 제목으로 연락이 오는 것이 아니라 '인성교육'이라는 이름으로 청해 온다. 한 집단을 대상으로 주기적으로 자주 가야만 그나마 효과적일 거라고 여겨지지만, 내 마음대로 할 수 있는 것이

자기 부정을 이겨 낸 타오 이야기

아니어서 그대로 받아들인다. 집단원들이 많을 때는 강의식으로 진행할 수밖에 없지만, 10명 안팎일 때는 집단 치료식으로 행한다. 그렇게 부름을 받고 가는 동안 기도하면서 준비한다. 신이 나를 도구로 삼아 직접 행하시는 것을 나는 알고 있다. 그렇지만 문을 열지 않으려는 몇몇 이들 또한 만난다. 우리의 마음에 빛이 있다고 상상하고 그 빛을 빛깔로 선택해보자고 하면, 대개는 잘 선택한다. 그중에는 '검은색'을 고집하는 이들이 있다. 빛이 있으면 어둠이 물러가기 때문에 검은빛은 없는 과학적 원리를 설명해도 선뜻 받아들이지 않는다. 그렇지만 좀 더 설명하면 마지못해 회색빛이라고 하기도 한다. 당황스러운 것은 교도소뿐만 아니라는 것이다. 대학생을 대상으로 할 때도 그렇게 '검은색'을 선택하는 이가 있었다. 군인들한테도 그러했다. 스스로 검은색 안에 갇혀 버리는 경우, 그 어떤 말도 귀에 들어오지 않는다. 그렇지만 우주의 에너지 혹은 신은 기회를 준다. 생명이 붙어있는 순간까지 삶의 매 순간이 기회다.

긍정이 부정으로 갔다가 다시 긍정으로 되돌아오게 되면, 내면 깊은 곳에서 샘솟는 하얀색이 있다. 그것을 심리용어로 설명하자면 '회복탄력성'이다. 적응유연성이라고도 하는 이 개념은 역경이나 트라우마와 위협 등의 스트레스 원인에 처했을 때 적극적으로 행동하며 거기에 대처하고 적응하게 되는 역동성을 말한다. 역경을 극복해낸 힘이 정신적 건강을 얻게 되는 것이다.

심상 시치료의 목적은 부정 에너지를 긍정 에너지로 바꾸는 것이다. 항상성 개념으로 설명하자면, 심리적 부정 항상성이 긍정 항상성으로 바뀌는 것이다. 그렇지만 전체적으로 모든 것을 다 이룰수 없다. 그렇게 하려고 한다고 되는 것도 아니다. 인상적인 경험을 주는 정도이지 치료 프로그램으로 인간을 변혁시킬 수는 없다. 부정 에너지가 긍정으로 바뀌는 경험, 그리고 그럴 수 있다는 가능성의 추억을 경험하게 해주는 것이다. 그 아름다운 추억의 힘으로 전생애에 걸쳐 스스로 해내야 하는 길고 긴 여정이 바로 깨달은 삶이 되는 것이다. 한번 경험을 해놓고 모든 것이 전부 이뤄졌다고 하는 것만큼 오만한 것이 없다. 그것은 제대로 경험하지 않았거나 온전한 경험을 뒤트는 고약한 버릇이 나온 것에 불과하다. 부정 에너지에 휩싸인 채 살아가지 않을 수도 있다는 것, 부정 에너지를 긍정으로 바꿀 수도 있다는 엄청난 사실을 경탄스러워하며 살아나가는 것이다.

노숙자 자활센터에서 보조치료사 역할을 했던 이가 나한테 물어본 적이 있다. 심상 시치료 프로그램이 끝나면, 직업을 가지게 되거나 최소한 자신이 할 일을 찾고 자립을 해서 나갈 궁리를 해야 하는 것 아니냐고, 당최 그럴 기미가 보이지 않는다고 했다. 나는 탁자 위에 손으로 두 개의 수평선을 그었다. 이 선들은 절대로 만나지 않지요. 수평선이니까요. 하지만 아래 선의 방향을 약간만, 아주 조금만 안쪽으로 틀면 어떻게 될까요? 지금은 아무 일도 일어나지 않는 것 같지만, 이대로 계속 가면 결국 두 선은 만납니다. 우리가 할 일이 바로 이렇게 방향을 약간 틀 수 있도록 하는 겁니다.

그가 내 말을 이해했을까? 나는 이런 마음으로 타오를 만나고 있었다. 예상과 달리 신은 우리에게 기적을 주시기로 했나 보다. 타오는 프로그램 초기부터 벌써 넘어진 손을 탈탈 털고 일어나 일하기 시작했다.

타오는 지난 일주일 동안 일하고 청소하고 빨래하면서 지냈다고 했다. 휴대폰을 살려서 쓰고 있고, 오늘은 임대주택 관련해서 알아보고 왔다고 했다. 수급자 2종인데 서류를 떼어 갔더니 조건이 괜찮다면서 3개월 내로 연락을 주겠다는 말을 듣고 왔다 한다. 감탄 어린 칭찬을 하면서 이렇게 활발하게 할 일을 하는 비결을 물어보았다.

"열린 마음과 생각 때문이에요!"
그 답변마저, 신통방통했다.

"제가요. 그동안 정답을 구해놓고 하니까 잘 안되더라고요. 정답 아니면 전부 나쁘다고 치부했거든요. 그런데 이제는 정답을 빼놓고 열린 마음으로 지내니 뭔가를 하게 되더라고요."

뭔가를 하게 되더라고요

타오가 웃으면서 말했다.

"다리품을 팔면서 알아보니 귀로 듣고 정보를 접하게 되더라고요. 그렇다고 무턱대고 하지는 않아요. 생각을 정리해서 판단하면서 잘 해결하고 있습니다. 무조건 되는 것을 기대하고 하면 기분이 상해지기 마련이에요. 그러면 포기하는 마음이 들기도 하지요. 차라리 마음을 내려놓고 하는 편이 훨씬 나아요. 심도 있게 생각해보고 찬찬히 두드려가면서 또 고려해보고 합니다. 실수도 할 수 있으니까 여러 경우를 잘 생각하며 살고 있어요."

타오가 이렇게 능변이었던가! 이번에는 내가 눈을 동그랗게 뜰 수밖에 없었다. 환하게 웃으면서 박수를 보냈다.

과제 공책에 느닷없이 '독고다이'라고 적혀 있어서 이유를 물어보았다. 타오는 자신이 보고 싶은 영화여서 적었다고 했다. 〈독고다이〉는 청소년 영화라고 했다. 그것도 답을 정해놓고 주눅이 들곤 하는 왕따 학생이 있다고 했다. 그러다가 복싱하는 남자 선배를 보고 멋있게 보여 복싱을 배우게 되면서 일진을 상대하기도 하는 영화라고 했다. 아직 영화는 보지 않고 줄거리만 봤다고 했다.

영화 독고다이, 검객 / 오늘의 축복 악덕 사장. 그래도 힘든 일을 참고 했다. 그런 나를 칭찬한다. / 오늘의 축복

자기 부정을 이겨 낸 타오 이야기

사장님. 쉬고 싶은 마음을 다시 잡고 간다. 그런 나를 칭찬한다. / 오늘의 축복 강씨. 축복했다. 극도로 피곤하고 아파도 일했다. 그런 나를 칭찬한다. / 오늘의 축복은 곽씨. 축복했다. 가슴과 마음이 아파도 여유를 가진 나를 칭찬한다. / 오늘의 축복은 하나님의 사랑. 마음에서부터 답을 정하지 말자. 그런 나를 칭찬한다. / 오늘도 일할 수 있는 힘을 주신 하나님을 찬양한다. 박씨를 축복한다. 그런 나를 칭찬한다. / 오늘은 쉬면서 각종 볼일을 다 봤다. 하나님께 영광을 돌리며 LH 주택 상담이 잘되어 칭찬한다.

타오는 '감사'와 '칭찬'을 한꺼번에 적어왔다. 매일 성실하게 한 것에 대해 칭찬했다. 지금 일하고 있는 곳에 사장이 악덕한 것이 보였지만, 그래도 참고 하면서 넘어갔다고 했다. 그런 사장님도 축복했다는 말이 적혀 있었다. 게다가 함께 만나는 이들을 축복하고 그렇게 축복하는 마음을 가진 자신을 칭찬하고 있었다. '하나님께 영광을 돌리며'라고 적힌 글자에 나도 모르게 가슴이 뭉클해져 왔다.

저번 회기 때는 아버지를 만나서 치유의 힘을 체험했다. 이번에는 아버지의 자살을 목격했던 나를 만날 차례다. 엄청난 트라우마를 겪은 타오. 중학교 2학년 때의 나를 위로하고 껴안아주지 않은 채 오래도록 살아왔던 타오. 마음속의 15살의 나는 아직도 여전히 울고 있다. 누구 하나 그런 나를 위로해주지 않았다. 그 당시도 지금까지도. 타오 자신도 그 울음소리가 듣기 싫어서 나를 구석에 내몰고 아예 거들떠보지도 않았던 것이다.

먼저, 내 삶에서 가장 힘들었을 때를 말해보자고 했다. 타오는 17살 때라고 했다. 그때가 자신의 삶에서 정점이었다는 것이다.

"이차성장 과정에서 형제, 어머니, 나 자신과 갈등이 있었지요. 해결 안 되는 것과의 갈등, 폭발, 우울, 폭주, 활화산 같은 단어가 생각나요."

나는 아버지를 목격했을 때는 어땠는지 물어보았다.

"중 2때요? 그런데 사실 사회 나갔을 때가 더 아팠어요. 사회 냉대가 독했어요. 삶이 희극이고 코미디라고 생각해요. 인생이 웃기기도 하고 울게 하기도 하지요."

그랬을 것이다. 그렇지만 지금 이 순간에 중 2때의 나를 만날 거라고 했다. 눈을 감고 열 번 정도 복식호흡을 하면서 온몸을 이완하도록 했다. 그렇게 눈을 감은 채 아버지의 마지막 모습을 떠올려보자고 했다.

"대들보에서요. 목에 밧줄을 매고 매달려 있어요."

타오가 답했다. 나는 이제 아버지 장례식을 막 끝난 뒤의 나를 만날 거라고 했다. 잠시 후 세 번을 세고 눈을 뜨면, 장례식을 막 끝낸 내가 맞은 편에 앉아있을 거라고 했다. 하나, 둘, 셋!

눈을 뜨고 맞은 편에 앉아있는 15살의 나를 그대로 바라보자고 했다. 어떤 표정을 하고 있는지 어떤 특징이 있는지 말해 달라고 했다.

"우울한 표정입니다. 책상에 머리를 박고 있어요. 팔짱을 낀 채요. 스포츠 머리입니다."

이제 이 시기를 넘어 온 지금 현재의 내가 15살의 나에게 위로와 격려를 해주자고 권했다.

"타오야, 많이 우울하지? 넌 누군가를 기다릴 사람이 필요했는데 아무도 네 주변에 없구나. 그 화를 아름답게 지우고 화내지 마라. 그건 작은 일부란다. 그보다 더 큰 산이 많이 있다. 작은 산을 넘은 거다. 이제 동네를 펴다 본 거다. 저기 보이는 큰 산을 올라가야지. 이제 서해까지 보이는구나. 더 크면 동해, 남해도 보일 거야. 네 마음속에 갈매기 조나단을 키운 것처럼 버드새가 자라고 있구나. 지나간 것을 붙잡고 하소연해도 소용없다. 지나간 것은 지나간 세월에 맡기고 내일을 준비해라."

지금, 15살의 나는 어떻게 하고 있는지 물어보았다. 엎드린 채 눈만 끔벅거리고 있다고 했다. 다가가서 안아주라고 했다. 타오는 일어나서 맞은편으로 다가가 팔을 벌려서 안아주었다. 그리고 그 옆 의자에 앉은 채 15살의 나처럼 책상에 팔을 괸 채 오른쪽 옆에 앉은 나를 바라보며 말했다.

"책에서 보던 것이 그대로 나타나니, 아직도 실감을 못 하겠지? 그렇게 쳐다본 것 가지고 놀랐지? 넌 형도 못 한 것을 할 수 있어. 친구가 없어서 그렇지? 원래 친구가 없어. 절친 그런 것은 없어. 진짜 친구 찾는 게 정답이란다. 괜찮아. 그게 힘들었지? 아버지한테 누가 한 명이라도 밥을 놓아드렸나? 그래서 나보고 오지 말라고 야단치는 거였어."

타오는 횡설수설하고 있었다. 정리되지 못한 말이지만, 진심으로 위로의 마음을 보내고 있었다. 타오는 갑자기 말을 멈추고 연민 어린 표정으로 엎드린 채 고개를 과거의 나한테로 돌리고 가만히 쳐다보았다. 아무 말도 하지 않고 가만히 그렇게 있었다. 15살의 나와 같은 자세를 취한 채로. 한참을 그렇게 있다가 과거의 내 머리를 쓰다듬어주었다. 그리고 다시 꼭 안아주면서 속삭이듯 한마디 했다.

"타오야, 많이 힘들었지?"
다시, 안아주면서 쓰다듬어주었다. 토닥토닥 등을 두드려주었다. 그렇게 머물러 있다가 자세를 반듯이 했다. 표정을 물어보니, 웃는다고 했다.

"웃어요. 귀여워요. 잘 가. 너 이제 아픈 것은 굿바이 하는 거야!"

타오가 먼저 인사를 건네었다. 나는 타오한테 원래의 자리로 돌아오게 했다. 15살의 내가 웃으면서 나갔다고 했다. 이렇게 15살의 나를 만나고 난 소감을 물어보았다.

"처음에는 전설의 고향 같았어요. 눈만 뜨고 살짝 보잖아요. 구미호 무서워, 하면서요. 놀라서요. 이제는 밤길도 저 혼자 다니는데 뭘요. 그래서 사람은 전신 거울이 필요해요. 하루에 두세 번은 꼭 봐야지 자기 모습을 잘 들여다볼 수 있어요. 거울 속의 너는 누구니? 그랬는데, 그게 나였구나!"

타오는 다소 횡설수설하지만, 타오의 마음이 고스란히 느껴졌다. 아버지의 죽음을 목격한 것이 너무나 무서웠고, 마치 '전설의 고향'에 나오는 구미호를 본 듯했다. 동시에 방금 15살의 나를 만난 것도 두려웠고 무서움이 와락 났다. 혹은 15살인 과거의 내 마음속에서 어른이 된 지금의 나를 볼 때도 그럴 수 있을 것이다. 그렇지만 15살의 나는 밤길을 혼자 다니듯 용기를 얻고 용감하게 세상을 헤쳐나갈 것이고, 지금의 자신도 그러하다. 그리고 자기 자신을 바라볼 수 있는 마음의 거울을 보면서 자신을 성찰해 나가는 것이 절실하고, 자신을 비춰보면서 스스로 자신의 마음을 알아차릴 수 있게 되었다는 의미였다. 이렇게 첫 번째 심상 시치료를 마무리하고 다음으로 넘어갔다.

두 번째 심상 시치료로 '달항아리' 기법을 진행했다. 먼저 '달항아리'에 대한 느낌을 물어보았다.

"옛날 천문지리를 연구하고 기초 기술이 있어서 달항아리처럼 보이지만, 사실은 해와 달을 뜬 모양입니다. 위 구멍은 해, 반대 구멍은 달, 가운데는 지구입니다."

타오의 생각은 독특했다. 달항아리에 해와 달 지구까지 연결해서 느껴진다는 거였다. 나는 고개를 끄덕이며 들어주었다. 이어, 마음에 있는 달항아리를 상상해보라고 했다. 그 달항아리에 담고 싶은 것을 말해보자고 했다.

타오는 '나의 악의 씨. 나쁜 마음, 미운 마음, 저주하는 마음, 추악한 마음. 시기, 질투, 욕망, 욕정, 분노, 화산'이라고 했다. 이것을 어떻게 하고 싶은지 물어보았다. 타오는 깊은 바다, 찾지 못하고 사람 손이 안 닿는 곳에 빠뜨리고 싶다고 했다. 그러면 좋아질 것이기 때문이라고 했다.

자기 부정을 이겨 낸 타오 이야기

"그렇게 담겨있는 달항아리를 깨끗하게 비우려면 어떻게 하면 좋을까요?"

내가 물어보았다.

"비우는 것요? 그것 참 어려운 거예요. 그게 본성이라서 그래요."

타오가 답했다. 다시 내가 말했다.

"인간의 본성은 그런 것이 아니라 '빛'입니다. 빛을 가진 인간이에요. 방금 말한 것들은 먼지와 같아서 쌓이긴 하지만, 불면 날아갈 뿐입니다."

그 다음에는 방금 적은 것 위에 '소중하고 귀한, 담고 싶은 마음'을 적어보자고 했다. 타오는 '노력'이라고 적었다.

"무엇이든지 노력해야 합니다. 급한 것을 차분하게. 제가 신도 아닌데 급하게 한꺼번에 다 잘할 수는 없잖아요? 그래서 노력이라고 적었습니다."

나는 어떨 때 노력을 잘하게 되는지 물어보았다. 타오는 여유가 있을 때라고 했다. 그러면, 어떨 때 여유가 있는지 물어보았다. 영화, 음악, 연극을 볼 때라고 했다. 그럼, 그런 것들을 보면 어떤 마음이 되는지 말해보자고 했다.

"희열요. 기쁨!"
나는 박수를 보내며 말했다.

"그럼, 결국 기쁨을 담겠다는 거군요!"
그리고 궁극적으로 원하는 이 '기쁨'을 항아리 안에 담아보자고
했다.

다음으로 눈을 감고 복식호흡을 열 번 정도 하도록 했다. 온몸
을 이완한 뒤 다음의 멘트를 들려주었다.

나는 마음속에 달항아리를 갖고 있습니다. 이 항아
리는 달의 기운으로 만들어졌습니다. 이 항아리에 내
가 원하는 것을 담습니다. 지금, 내가 원하는 것 중에
서 한 가지를 담았습니다. 지금, 달항아리가 내게 뭔가
말을 하고 있습니다. 어떤 말을 하는지 들어보시기 바
랍니다. 그리고 나도 자연스럽게 대화를 나눕니다. 충
분히 대화를 나눠보시기 바랍니다. …… 이제, 내 마
음을 담은 달항아리를 마음속 깊이 간직합니다. … 지
금의 느낌이 어떤지 고스란히 느껴 보시기 바랍니다.

자기 부정을 이겨 낸 타오 이야기

…… … 지금, 이 느낌을 그대로 간직합니다. 이 느낌을 간직한 채 세 번을 세면 눈을 뜨시면 됩니다. 하나, 둘, 셋!

눈을 뜬 다음 체험한 것에 대해 타오는 이렇게 말했다.

"달항아리가 있는데 나쁜 것을 담아서 깨뜨려버렸어요. 그다음 새 항아리에 나의 기쁨을 담았습니다. 그랬더니 원래 잘하는 기쁨들, 서로의 기쁨들이 사방에 있었어요. 남들이 하지 않았던 것, 서프라이즈! 행복! 사랑! 우정! 기쁨으로 있었습니다. 많이 못 해준 것, 받아보지 않았던 것, 이런 것도 기쁨으로 있었어요. 그래서 저를 반겨줬어요. 달항아리는 이렇게 말했어요. '너의 마음이 처음부터 그런 게 아니다. 항상 기쁨과 행복이 있었는데 어느 날 너도 모르게 나쁜 마음을 가져서 그런 거다.' 그걸 깨버리니까 기쁨만 남았어요. 너무 좋았어요. 남들이 칭찬해주지 않아도요! 눈빛만 봐도 빵 터지는 기쁨들. 소소한 것. 그중에 행운도 오고. 반짝반짝합니다. 욕심을 내려놓아야겠어요."

타오는 항아리 아래에 이렇게 적었다.

오늘 나의 새 모습을 찾았다. 바로 그것은 기쁨 전하는

버드새. 내 마음속 숨은 재주. 기쁨이 별처럼 반짝반짝
빛난다.

타오가 마음의 '기쁨'을 찾은 오늘을 마음 다해 축복하고 축하
한다고 하며 박수를 보냈다.

이제 다음 시간까지 해올 마음의 빛 과제를 제시했다. 저번 회
기와 동일한 과제였다.

첫째, 버드새를 아침에 만나서 "괜찮아, 잘했어. 잘 될 거
야."라는 메시지 듣기.
둘째, 하루에 한가지 감사한 것을 적어오기.
셋째, 하루에 한 번 나를 칭찬하기.

이번 회기 참여 소감에 대해서 타오는 이렇게 말했다.

"예전에 아는 분의 생일이어서 장미꽃을 사드린 적이 있어요. 오
십 평생에 처음이라며 눈물을 흘리시더군요. 반짝거리는 게 나한
테 있어요. 그래서 기쁨입니다. 내가 그랬었구나, 그렇게 생각해
요. 저는 기쁨을 주는 사람입니다. 내가 기쁨을 주다가 지쳤는데,
이제 다시 찾으니 너무 행복해요. 그동안 까맣게 잊고 있었는데
우리 조카들, 손녀들이 나한테 덥석 안기는 것이 내가 그들한테

자기 부정을 이겨 낸 타오 이야기

기쁨을 줘서 그랬구나 하고 이제야 생각해봅니다. 기쁨 에너지!
파워!"

타오는 환하게, 너무나 기쁘게 웃었다.

뭔가를 하게 되더라고요

여덟 번째 만남

기쁨을 주는 사람

타오는 곧잘 웃었다. 첫날 이후로는 눈도 잘 마주쳤다. 올해 오십 세가 된 타오는 처음 볼 때보다 더 젊어진 듯했다. 지난 일주일 동안 지냈던 일을 이렇게 말했다.

"일요일 빼고 6일 동안 일했습니다. 좀 많은 생각도 했고요. 일의 즐거움도 있고, 힘들고 고단하고 지치기도 하지만 일하면서 다가오는, 새롭게 느끼는 것이 있어요. 신설 소각장 십 몇 층을 올라갔다 내려갔다 합니다. 여기서 멈출까? 그런 게 옳은 걸까? 하다가 아직은 아냐. 괜찮아. 잘 될 거야! 그렇게 떠올렸지요. 바람이 부는데, 버드새가 있었습니다. 힘들어도 조금만 더! 그렇게 버티면서 지냈습니다."

무슨 말인지 알아들을 수 없을 정도로 지리멸렬하던 타오. 더 이상 그런 타오가 아니었다. 일관성 있고 조리있게 말을 하는 모습

기쁨을 주는 사람

이 놀라울 정도였다. 아픈 어깨의 통증도 있을 텐데, 무릅쓰고 성실하게 일하고 있는 타오. 일하면서 새롭게 느끼는 것이 있다며 들려준 말은 스스로를 격려하는 말이었다. 버드새의 기운을 느끼고 있었다. 그렇게 버티면서 지냈다는 거였다.

"같이 일하는 후배 형국이라고 있어요. 하루하루 근면 성실한 형국이가 가장 무게를 많이 지니고 있는데, 나보다 나아요! 술도 담배도 끊었어요. 그리고 예전에 안 어떤 후배인데요. 강남 부자였는데 아버지 사업이 망해서 쫄딱 망했는데 친가가 빼돌린 돈이 있지만 안 준대요. 부자이지만 스스로 성장해야 하니까요. 최근에 통화하니 새로 결혼해서 남자아이를 낳았는데 희귀난치병이 걸렸는데 그 병을 어렵게 고쳤대요. 지금 다섯 살이 되었다고 해요. 코로나로 사업이 중단되어서 공장 식구 40명이 자신만 쳐다보는 상황이라고 하더군요. 정말 오랜만에 전화 통화를 했습니다. 예전에 눈 쌓인 기숙사 방에서 왜 사니? 죽자! 라고 제가 했더니 그 동생이 아냐, 형. 그런 걸 갖고 고민하지 말라고 한 적이 있어요. 그런 생각이 갑자기 떠오릅니다. 힘들지만 다들 자신의 무게를 감당하며 살아나가고 있더라고요. 그리고 저는 제 신용으로 차를 사서는 사고를 내고, 또 돈을 못 갚고 있으니 압류가 들어오더군요. 은행 통지서 같은 것이 와요. 그래도 민사니까 갚겠다고 하고 해봐야죠. 당장 모든 돈을 다 원하지만 줄 수 없어서… LH와도 상담을 했는데 대환대출

자기 부정을 이겨 낸 타오 이야기

을 알아보려고 합니다. 내일 병원 들렀다가 알아보려고요. 해볼 수 있는 것은 해봐야지요."

 '힘들지만 다들 자신의 무게를 감당하며 살아나가고 있더라고요' 라고 말한 부분에서 나는 타오의 눈빛이 빛나는 것을 보았다. 험난한 고개를 넘어온 사람만이 알 수 있는 눈빛이었다. 할 수 없다는 말에서 '해봐야겠다'로 변화가 일어난 것이다. 타오한테 힘을 실어주고 있는 존재들이 한둘이 아니었다. 하늘나라에 계신 육신의 아버지와 영적인 아버지가 응원하고 있다. 그뿐만이 아니다. 나는 그즈음 《당신의 마음을 글로 쓰면 좋겠습니다》라는 직접 글을 쓰면서 긍정 변화를 일으킬 수 있는 최초의 자가치유서를 오도스 출판사에서 발간했다. 마침 그 책을 보고 경인방송에서 연락이 왔다. 인터뷰 요청을 해와서 날짜를 정해서 그곳까지 다녀왔다. 최근의 근황 이야기를 하다가 타오 이야기를 꺼냈다. 물론, 타오 이름을 말한 것은 아니지만 노숙자를 대상으로 프로그램을 진행하고 있다고 했다. 좀처럼 마음의 문이 열리지 않고, 아무리 힘을 쥐도 손을 떨고만 있을 뿐 문이 열리지 않았다. 그런데 내가 아니라 신이 그렇게 문을 열게 해준다고 느껴보라고 한 다음 내 손에 힘을 빼니 자연스럽게 열렸다는 일화를 얘기했다. 그리고 그 노숙자는 표정이 밝아지고 근 11개월 만에 다시 일하기 시작했다는 사실까지 말했다. 그렇게 타오의 이야기를 알렸다는 사실을 말해주었다. 그러니 그 방송

기쁨을 주는 사람

을 들은 서울, 인천 지역의 무수한 사람들이 타오를 응원해 주고 있다고 했다.

"이제 혼자가 아니에요! 사람들이 박수를 치면서 응원해주고 있어요!"

타오는 겸연쩍은 표정으로 환하게 웃었다. 보이지 않는 후원의 에너지가 모이고 있으니 잘 안 될 리가 없다.

타오는 과제 공책을 내밀었다.

수: 오늘도 공방 일을 했다. 불러주시고 기다리신 사장님을 축복한다. 힘든 하루지만 최선을 다한 나를 칭찬한다. / 목: 오늘도 공방을 갔다. 어제 일하는 것을 보시고 불러주셔서 축복합니다. 땀 속에 내가 기쁨을 주는 나를 칭찬합니다. / 금: 오늘은 형국이를 축복한다. 네 명의 자식을 키우며 근면 성실하고, 또 최근에 술과 담배도 끊었다. 배울 점이 많은 동생을 칭찬한다. / 토: 오늘은 민성이를 축복한다. 근심은 하나님께 믿고 의지하자. / 일: 오늘은 인호를 축복한다. 코로나로 사업을 중단하고, 정리하는 중이라고 한다. 나도 하루 쉬면서 모든 통장의 압류된 것을 열심히 일해서 풀어보자. / 월: 논산 소각장 탑에서 주위를 둘러보았는데, 매서운 바람이 내 마음을 아

자기 부정을 이겨 낸 타오 이야기

프게 한다. 그래도 축복한다. 나는 날 칭찬한다. 한순간이면 극복할 수 있다. / 화: 하루하루 누군가를 축복하고 감사하며 사랑하면서, 하루 일터가 힘들어도 좋다. 다시 한번 버드새와 높이 날아보자. 온 힘을 다해서

타오는 이제 공방에서 일하나 보다. 축복과 칭찬을 거듭하면서 긍정 에너지를 나누고 있었다. 자신한테도 칭찬을 계속하고 있었다. 형국이라는 후배에 대해서 존경하는 마음을 가지고 있었다. 나이는 자신보다 어리지만, 아이도 네 명이나 있는 가장이고 근면 성실한 후배를 본받아야겠다고 했다. 오랜만에 소식을 접했던 인호라는 후배한테도 긍정 에너지를 보냈다. 이제 타오는 신용으로 구입한 차 할부금을 내지 못해 압류된 통장을 풀기 위해 노력해보겠다는 의지를 내고 있다. 차갑고 매서운 바람을 맞으며 소각장 탑에서 일할 생각을 하니 마음이 아파오지만, 그래도 극복의 순간을 맞이하겠다는 의지를 내고 있었다. 제일 마지막 구절은 극복을 위한 노래 같았다. 하루하루 누군가를 축복하고 감사하며 사랑하면서 살겠노라고. 하루 주어진 일터가 힘들더라도 좋다라고. 다시 한번 버드새와 높이 날아보자고. 온 힘을 다해서 날아보자고 자신을 격려하고 있었다.

타오가 확연하게 달라진 점을 꼽자면, 얼굴 표정이다. 환한 기운

기쁨을 주는 사람

이 얼굴에 고스란히 드러났다. 딴사람이 된 것처럼 변했다. 그리고 말과 글에서 횡설수설하지 않았다. 얼마 전까지 했던 그 지리멸렬함을 찾아보기 힘들 정도다. 과제를 성실하게 잘해왔다고 칭찬하자 이렇게 말했다.

"요즘 약을 먹고 일찍 잡니다. 저녁 9시나 10시에 잠이 들어요. 새벽 5시가 되면 일어나야 해서요. 짜증, 화풀이 같은 것은 이제 하고 싶지 않아요. 패턴을 맞춰가려고 해요. 하나씩 하나씩. 탈무드 얘기에 나오는 것 같아요. 지혜 있는 자는 악한 길을 가지 않고 지식이 있는 자는 악한 길을 갈 수도 있다는 말이 있잖아요. 지혜는 하나님이 주신 거니까요. 솔로몬처럼 지혜롭게! 교활해지면 추락하는 것은 순식간이니까요. 과거의 나는 백지에서 시작했어요. 요즘 아이는 백지에 그림을 그리며 자라고 있어요. 그렇게 롤모델을 바라며 성장하는 것과 제 어릴 때는 다르지요. 저는 지금 다시 지우고 다시 그리고 있습니다. 전영록이 노래한 것처럼 연필로 쓴 것을 지우고 다시 쓰는 중입니다. 과거에 매달리면 성장할 수 없으니까요. 성장하지 않는 사람, 편견에 얽매여 있는 모습을 보면 안타까워요. 이제 더불어 축복하고 사랑하고 살아야겠습니다. 나 자신도 많이 바뀌었어요. 예전에 아는 집사님이 입에 비판, 욕, 평가하게 되면 너 자신을 사랑하지 않는 거다. 내 입에서 나가서 돌아오는 화살이 된다고 했어요. 어떤 일을 당하고 앙갚음을 하는 것은 절대

자기 부정을 이겨 낸 타오 이야기

내 몫이 아니고, 신이 알아서 하는 거라고 하면서요. 내가 마음대로 하지 말아야 한다고. 이제 비판이나 욕을 하며 싸우지 않으려 합니다. 예전에는 사사건건 평가했다면, 지금은 아닙니다. 이제 '마음의 빛'을 찾아가야지요. 저번 시간에 '기쁨을 주는 사람'이라고 했는데 내 행동 하나하나가 기쁨을 주는 스타일입니다. 가끔은 기쁨을 주다가 따라오지 못하면 짜증을 부릴 때가 있는데 그러면 안 되거든요. 이해하고 넓혀 나가고 있어요. 제 마음은 바다입니다. 사소한 것에 쫀쫀하지 않아요. 후배들한테도 그랬어요. 난 하루 10만 원만 번다고 생각한다, 힘들면 내가 낼게. 그러면서 제가 사줬어요. 실천하는 기쁨이 주는 행복 바이러스!"

타오는 편안해 보였다. 불안하고 초조한 마음을 내려놓은 타오. 압류를 당한 통장을 비롯해서 해결해야 할 일들이 많겠지만, 조급해하지 않았다. 돈을 생각해보면 놀라운 이치를 알게 된다. 예전에 나는 된통 사기를 당해서 수천만 원의 빚을 갚아야 했다. 초라하고 볼품없고 멍청했던 나는 영락없이 부정 항상성에 매몰되어 있었다. 항상 가난했고 돈이 없었다. 보험이나 물건을 사라는 광고 전화가 걸려오면 이렇게 말했다. 저는 너무나 가난하고 돈이 없어요. 그게 맞는 말이었으니까 한 것이고, 그렇게 말하면 상대는 알겠다고 전화를 끊었다. 아무리 발버둥쳐도 가난을 벗어날 수 없다고 믿었다. 그렇게 믿는 대로 되어 가고 있었다. 내 에너지가 바뀐 것은 대학원

기쁨을 주는 사람

에 입학하고 나서부터였다. 합격 소식을 듣고 나서 근무를 하던 병원에 한 여의사가 내게 했던 말이 지금도 기억난다. 무슨 일이 있나요? 얼굴이 너무나 환해졌어요!

여전히 가난했지만, 가난이 전부가 아니었다. 아무도 도와주지 않았지만, 누구도 도와주지 않은 것도 아니었다. 학교에 가는 것은 기쁨이었고 희망이었다. 나는 내가 든 절묘한 보험이 지금 하고 있는 문학치료학이라고 생각했다. 그 말은 이제 맞아 떨어졌다. 내가 문학치료학 박사학위를 받지 않았다면 지금 나는 이렇게 치유의 길을 자신있게 걸을 수 없었을 것이다. 타오를 만나서 심상 시치료를 하지 못했을 것이다. 돈이 궁했던 것은 여전했지만, 나는 더 이상 내가 가난하다는 생각을 하지 않았다. 오히려 돈이 많다고 큰소리쳤다. 어떻게 보면 뻥튀기를 하듯 부풀리는 것일지도 모르지만, 그렇게 말이 나왔다. 나, 가진 게 돈밖에 없어! 그 말로 사기를 친 적은 없지만, 제대로 사기를 당한 것은 내 마음이었다. 가난하다고 낙인 찍은 마음이 사기를 당하고 말았다. 사기 친 마음은 가진 게 돈밖에 없다고 떵떵거렸고, 가난하다고 위축된 마음은 사기를 친 마음이 활약하는 것을 그저 바라보기만 했다. 급기야 가난한 마음은 자취를 감추고 말았다. 사기를 쳐서 제 세상이 된 마음은 당당했고 어디에도 꿀리지 않았다. 그랬더니 실제로도 텅 빈 통장에 돈이 들어오기 시작했다.

그렇다고 내가 일약 부자가 된 것은 아니다. 적어도 먹고살기에

자기 부정을 이겨 낸 타오 이야기

곤란하지 않을 정도의 벌이가 있었다. 전혀 생각하지 않던 학교에서 연락이 와서 나는 세 군데 대학의 겸임교수가 되었다. 간혹 교도소나 도서관으로부터 치유 프로그램을 해달라는 요청을 받기도 한다.

그러니까 없다고 하면 더 없게 되고, 있다고 하면 있게 되는 희한한 원리를 스스로 겪었고, 이제 그 원리에 따라 살고 있다. 타오는 조금씩 베풀면서 행복해지고 기뻐지는 마음으로 긍정 에너지를 경험하고 있는 셈이다. 그렇게 하다 보면, 더 많은 좋은 일들이 들어오기 마련이다.

이번 회기에 준비한 심상 시치료는 '탈'이다. 먼저 타오한테 '탈'하면 어떤 것이 떠오르는지 물어보았다. 많은 것이 있겠는데, 비웃거나 슬프거나 웃거나 하는 등등이라고 했다. 하나만 선택해달라고 하자 웃고 있는 탈의 모습을 선택했다. 타오는 어떻게 알았을까? 오늘 하는 탈이 바로 웃는 탈이라는 것을.

"바로 오늘 할 탈이 웃는 탈이에요. 따뜻하고 포근하며 너그러운 웃음을 해학이라고 합니다. 해학의 특징을 가진 이매탈을 보여드릴게요."

나는 이매탈을 인쇄한 종이를 내밀었다. 이매탈 그림 위에 원하는 대로 색칠하고 떠오르는 단어를 하나 적어보자고 했다. 타오는 여러 색연필을 한꺼번에 빼 들고 눈빛을 빛내며 색칠하기 시작했다. 신나고 즐거운 아이 같은 표정을 지었다. 타오는 탈 아래에 '미소'라고 적으며 이렇게 말했다.

"기쁨을 가지고 다른 모든 것들을 웃는 미소로 맞이합니다. 웃는 자에게 누가 돌을 던지고 침을 뱉겠습니까?"

이제 타오의 상징은 '기쁨의 웃음'이 되었다. 타오가 색칠하고 적은 탈의 느낌을 물어보자 이렇게 답했다.

"예전에 동네 어르신 중에 인물이 훤칠하고 지혜가 있는 분이 계셨어요. 화도 잘 내지 않고 장난치는 것도 이해하고 때가 되면 용돈도 주고 하셨지요. 지금 그분이 떠오릅니다."

타오는 자신이 색칠한 이매탈처럼 웃었다. 방금 떠올린 동네 어르신은 어쩌면 타오의 롤모델인지도 모른다. 너그럽고 이해심이 많고 지혜롭고 잘 베푸는 그런 어른이 되고 싶은 타오. 그 어르신을 마음에 품으며 살다 보면, 타오도 그런 사람이 될 것이다.

다음으로 눈을 감고 열 번 정도 복식호흡을 하자고 했다. 온몸과 마음을 이완한 뒤 멘트대로 이끌었다.

지금 나는 하회탈 중 이매탈을 만났습니다. 그리고 탈의

자기 부정을 이겨 낸 타오 이야기

특징을 잘 살려서 직접 색칠을 한 후 느낌을 단어, '미소'로 나타냈습니다. 이매탈은 삶을 관조하고 내면을 들여다보면서 너그럽고 따뜻한 웃음을 짓고 있는 인품이 있는 '해학'의 정신을 담고 있습니다. 자, 이제 잠시 뒤 내가 직접 이 탈을 쓰려고 합니다. 이 탈을 쓴 상태에서는 나는 '해학'의 정신을 가진 나로 다시 태어나게 됩니다. 지금, 현재, 이 순간에 가지고 있는 그 어떠한 고민과 갈등도 고스란히 그대로 놓아둡니다. 그리고 이 탈을 쓰는 순간, 나는 높은 산 위에서 나를 내려다볼 수 있는 관조의 힘과 자신을 들여다보고 그 누구보다 나를 이해하고 받아들일 수 있게 됩니다. 자, 이제 세 번을 세면 마음속으로 '미소' 탈을 직접 써보시기 바랍니다. 하나, 둘, 셋! …

나는 지금 내 삶의 물결을 슬며시 빠져나와 있습니다. 내 삶의 물결이 급하게 흘러가는 것을 바라보고 있습니다. 나는 지금 높은 곳으로 갑니다. 아주 높은 산으로 가서 내 삶의 물결을 내려다 봅니다. 이 물결이 어디에서부터 시작해서 어디로 가서 결국 어디로 흘러갈 것인지를 보고 있습니다. … 자, 이제 '미소' 탈을 쓴 나는 내 삶을 따뜻하게 품어주고 이해하고 있습니다. 그리고 너그럽고 부드럽게 내 삶을 바라보면서 지금, 현재, 이 순간의 나에게 말을 걸고 있습니다. 어떤 말을 전해주고 있는지 그

기쁨을 주는 사람

메시지를 들어보시기 바랍니다. … … … 지금, 이 느낌을 그대로 간직합니다. 이 느낌을 고스란히 간직한 채 세 번을 세면 눈을 뜨시면 됩니다. 하나, 둘, 셋!

분석심리학의 창시자 융Jung에 의하면 인간은 누구나 사회적 가면persona를 쓰고 있다. 페르소나를 쓰지 않고는 살아갈 수 없다. 역할과 처지에 따라 각각 다른 페르소나를 갈아 쓰면서 사람들을 만난다. 하지만 이 페르소나는 말 그대로 가면일 뿐이다. 가면 뒤에 있는 진정한 내 얼굴을 만나는 것이 중요하다. 아무도 없는 혼자만의 시간에 페르소나를 벗을 수 있어야 한다. 너무나 익숙한 페르소나를 벗는 것은 쉽지 않다. 잘 벗으려고 하지 않기에 스스로도 속이게 되고 만다. 질기고 단단한 그 가면을 벗고 진정한 나를 만나는 순간에 올바른 성찰이 일어난다. 제대로 성찰할 수 있을 때 내면이 성장하고 통찰력도 생기게 된다. 살아왔던 삶에 대해 진솔하게 들여다보면서 수정과 보완을 하는 힘을 내는 것이 성찰이다. 성찰은 나무를 바라보는 것이다. 얼마나 햇빛을 받았는지 어떻게 자라오고 줄기를 뻗어갔는지, 면밀하게 나무를 살피는 것이다. 통찰은 나무가 아니라 숲 전체를 보는 것이다. 숲을 바라보기 위해서는 나무의 높이 정도에 머물러서는 곤란하다. 훨씬 높은 곳에서 아래를 내려다봐야 한다. 높이 올라가서 내려다보면, 숲 전체의 모습이 보인다. 어느 곳에는 어떤 나무가 있는지도 파악

자기 부정을 이겨 낸 타오 이야기

할 수 있다. 유실수가 있는지 상록수가 있는지도 보인다. 내 삶의 어떤 부분에서 주로 좌절하고 실수하고 아파했는지도 보인다. 역경이 어느 정도 있었는지, 극복을 했던 순간은 어떠했는지도 알게 된다. 삶 전체를 내려다보는 것이 바로 통찰이다. 페르소나를 벗으면 일어나는 것이 바로 성찰과 통찰이고, 이는 곧 치유의 속성이다. 성찰과 통찰 없이는 치유가 일어나지 않는다.

이번 심상 시치료 기법은 오히려 거꾸로 가면을 벗는 것이 아니라 쓰는 것이니 이상하다고 여길 수도 있겠다. 여기에서 '탈'은 페르소나의 의미가 아니다. 사이코드라마적 기법이 다소 가미된 것이라고 볼 수 있다. 흔히 사이코드라마에서 자아의 여러 모습에서 원하는 나를 연출해서 그 역을 행위로 나타내기도 한다. 그럴 때, 현실의 나는 잉여의 나로 재탄생된다. 지금 심상 시치료에서 이매탈을 쓴 나는 해학의 에너지를 가진 나로 거듭 태어난 상태다. 사회적 가면이 아니다. 따뜻하고 포근하며 너그럽게 웃는 힘을 가진 내면의 참된 내가 되는 것이다. 그 참나는 사이코드라마적 요소인 '자아'가 아니라 내면의 핵심을 이루는 '자기'를 의미한다. 그 내면의 중심을 관통하는 것은 우주의 에너지, 신이다. 고통스럽고 비참하고 고난에 빠진 인간의 삶을 따뜻하고 포근하면서 너그럽게 이해해주는 유일한 힘은 인간에게 나오는 것이 아니라 신의 마음에서 일어난다. 그 신의 에너지를 받은 채로 높은 곳에서 내 삶을 관조해보는 것이다. 심각하게 인상을 쓰는 것이 아니라 너그럽게

기쁨을 주는 사람

웃으면서 내 삶을 수용하는 것이다.

눈을 뜨고 나서 타오는 체험한 것을 말하기 시작했다.

"높은 곳에 서보니까 예전에 보지 못한 내가 보였어요. 산골짝에 물이 여기저기 졸졸 흐르고 있었어요. 평온하게 가다가 폭포를 만나 빠르게 흘러가기도 하고, 거친 돌을 깎아내는 물이 되었다가 낮은 곳으로 임해 서서히 바다와 하나가 되었습니다. 물이 바다고 바다가 물이 되었어요. 굽이굽이 흐르는 것도 나쁘지 않더군요. 탈을 쓴 느낌이 무척 즐거웠어요. '좀 더 예쁘게, 아름답게 늙어가는 내가 되었으면 좋겠다.'라는 메시지가 느껴졌어요. 화내지 말고 성내지 말고 미워하지 말자. 그저 그럴 수도 있지, 저럴 수도 있지, 술에 물 탄 듯, 물에 물 탄 듯 살자. 욕심 때문에 너무 집착하지 말고. 욕심을 내려놓으면 되는데 그러면 행복할 텐데. 결국 욕심이죠 뭐."

낮은 곳으로 흘러가는 물이 결국 바다가 되었다는 말, 욕심을 내려놓으면 행복하게 된다는 것이 인상적이었다. 방금 체험한 것에 대해 느낀 점을 물어보았다.

"앞으로 그렇게 가야 하는 것이 바로 내 길입니다. 저는 기쁨을 주는 사람이니까요."

기쁨을 주는 타오! 스스로 정한 멋진 정의였다. 그렇다면 타오

자기 부정을 이겨 낸 타오 이야기

는 자기 자신한테는 어떻게 해야 할까? 중요한 것은 나 자신에게 대하는 나의 태도였다.

"타오님은 자신에게 어떻게 기쁨을 주시겠어요?"
이렇게 묻자 타오는 바로 답했다.

"상냥하게, 다정하고 부드럽게 나 자신을 대하며 살아나가겠습니다."
너무나 멋진 말이었다. 방금 한 말을 공책에 적고 하트로 둘러치자고 했다. 타오는 공책에 이렇게 적었다.

> 상냥하게, 다정하게 부드럽게 나 자신을 대하며 살아나
> 가겠습니다.

타오가 갑자기 생각난 듯 말했다.

"그러고 보니까 제가 요새 그러고 있어요. 피부가 건조하니까 로즈마리 바디로션도 바르고요. 그렇게 몸 관리를 잘하고 있습니다. 몸을 그렇게 하니 마음이 같이 가다듬어져 가는 것 같아요."

놀라운 말이었다. 나는 타오에게 박수를 보냈다. 스스로를 관

기쁨을 주는 사람

리한다는 것은 타오에게 쉽지 않는 일이었다. 타오는 쉰 번이나 넘게 자살을 시도해왔다. 자신을 파괴하는 것에는 익숙하지만, 자신을 상냥하고 다정하고 부드럽게 대한다는 것은 어색하기 그지없는 일이다. 사실, 나도 잘되지 않는다. 그러지 않아야겠다는 것은 알지만 조금만 실수해도 나는 스스로 멍청하다고 바보라고 가차없이 나를 때린다. 모기에 물리고 상처가 생겨도 약을 잘 바르지 않는다. 어디 아파도 웬만해서는 병원에 잘 가지도 않는다. 감기에 걸려도 약을 챙겨 먹지도 않는다. 나를 챙기고 돌보는 것이 아직도 익숙하지 않다. 그래도 핸드 로션을 꼬박꼬박 바르기는 한다. 그렇게 육체를 가꾸는 것이 잘되지 않지만, 그나마 마음을 돌보는 것은 내 마음의 새인 방울새가 도맡아 하고 있다. 하루에도 여러 번 내게 속삭인다. 시아야, 사랑해!

그런데 이제 타오는 자신을 돌보기 시작했다. 나보다 더 진도가 빠른 셈이다.

다음 주까지 해올 마음의 빛 과제는 저번 회기와 같다고 알려주었다. 반복해서 내 것으로 만드는 것이 중요하기 때문이다. 비유하자면, 하얀 물감을 주기적으로 자주 들이붓는 것이다.

첫째, 버드새를 아침에 만나서 "괜찮아, 잘했어. 잘 될거야."라는 메시지 듣기.
둘째, 하루에 한가지 감사한 것을 적어오기.

자기 부정을 이겨 낸 타오 이야기

셋째, 하루에 한 번 나를 칭찬하기.

타오는 이번 8회기 참여소감을 이렇게 남겼다.

"앞으로 이매탈 같은 얼굴로 늙어가는 모습의 나로 만들어가자고 생각합니다. 행복합니다. 마주 앉아서 거울을 보며 얘기하듯이 이번 시간을 보냈어요. 삶을 짚어가는 이 시간이 누구나 필요할 텐데 하는 생각이 들었어요. 다들 부정할지 모르겠지만, 성공한 사람도 이게 필요할 겁니다. 이 글을 읽으니 웃지 않고는 비즈니스가 잘 안 될 것이라는 생각이 들어요. 부드럽고 상냥한 것이 결국 일이 이뤄지게 하는 힘이라고 생각해요. 그동안 알지 못했던 내 모습을 보게 됩니다. 야누스이면서 아닌 듯하고… 불 같은 사람인 듯하나 아닌 것 같고. 그러나 사실은 중간에 있어요. 어딘가에 치우침이 있으면 안 좋다고 하잖아요. 내가 남을 위해 봉사하면 기쁨이 생기듯이 그렇습니다. 그동안 나 자신을 비관하고 비판했는데 이제 그럴 필요가 없겠습니다. 내가 나 자신에게도 기쁨을 전달하는 역할을 하니까요. 행복할 수 있는 방법을 알게 되어서 감사합니다."

너무나 멋진 소감이었다. 이매탈로 새로 태어난 타오가 해학을 담은 미소를 띠며 말하고 있었다.

199

기쁨을 주는 사람

아홉 번째 만남

하늘이 알고 땅이 알고

프로그램의 막바지에 도달할 때쯤이면 여러 감정을 느끼게 된다. 마지막 회기가 가까워졌다는 사실을 미리 충분히 알린다. 그렇게 하는 것은 마음의 준비를 할 수 있도록 하기 위해서다. 치료사는 셰르파이다. 험난하고 굴곡이 심한 산맥을 오르내려야 하는 내담자에게 길을 안내해준다. 안내해줄 만큼 그 길을 다녀본 까닭에 할 수 있다. 어디에 무엇이 있고 어떤 난관과 위험이 도사리고 있다는 것을 잘 알고 있다. 어디쯤에는 쉬어야 하고 어디서부터는 속도를 내야 한다는 것도 알고 있다. 그렇게 내담자를 안내해서 목표 지점까지 도착하는 것이 바로 셰르파인 치료사의 역할이다. 당연한 말이지만, 내담자를 대신해서 가줄 수 없다. 셰르파가 간 것을 내담자가 간 것이라고 치부할 수도 없다. 엄연히 걸음은 내담자가 직접 내디뎌야 한다. 다만 안내를 해줄 뿐이다. 그렇게 셰르파 역할을 하기 위해서 치료사는 무수히 산을 탄 경험이 있어야 한다. 도중에 포기한 경험이 아니라 극복한 경험을 가지고 있어야 한다. 산

봉우리에서 산의 정기를 영혼 가득 들이마신 순간이 있어야 할 수 있다.

언젠가 나는 울면서 신께 따져 물은 적이 있다. 왜 하필이면 저입니까? 나도 그냥 편안하게 평범하게 살게 하지 왜 이 길을 가게 하십니까? 호화롭거나 큰돈을 벌거나 우아한 것도 아닌 이 길을 왜 걸어가게 하십니까? 다른 이들도 많을 텐데 왜 저를 선택하셨습니까?

역시 울면서 나는 신의 마음과 하나가 되어 답변했다. 시아야, 바로 너이니까. 너라서 해야하는 것이란다. 다른 이가 아니라 네가 할 수 있는 일이란다.

그래서 나는 내가 겪은 여러 고통들을 오롯이 감사할 수 있었다. 악다구니도 고함도 욕도 이제는 잘 하지 않지만, 여전히 기분이 나쁘면 욕을 해대고 나를 악마로 몰아세우는 경계성 인격장애인 어머니를 모시고 있는 것도 감사할 수 있었다. 두 번이나 결혼에 실패하고 남자 보는 눈이 그렇게도 없는 나에게도 감사할 수 있었다. 기껏 키운 딸, 지금은 자신이 낳은 아들을 키우고 있는 어른이 된 딸이 어릴 때 자신을 제대로 돌봐주지 않았다고 원망을 쏟아붓고 있어도 그저 감사할 뿐이었다. 여러 성공적인 사례에도 불구하고 센터를 찾아오는 이가 없고, 돈이 되지 않아서 어떻게 가계를 운영해야 할지 모르는 이 현실에서도 그저 감사할 뿐이었다. 내가 할 수 있는 것은 감사밖에 없다. 물질을 벗어난 곳에서 새 삶을 시작할 때까지 내가 할 일은 신이 주신 치료사일 수밖에 없다.

세르파와 함께 갔던 길을 마치고 이제 내담자는 스스로 길을 가야 한다. 길을 가봤기에 갈 수 있다고 격려하지만, 두렵고 힘든 마음이 들기도 할 것이다. 동시에 내담자는 자신이 직접 겪은 감동 어린 체험과 용기도 함께 지니고 있다. 프로그램을 마무리할 때면 헤어짐과 새로운 시작이 맞물린 채 여러 감정이 일어난다. 치료사는 내담자의 등을 두드려주면서 할 수 있다는 용기를 불러일으켜야 한다. 아쉽고 섭섭함은 뒤춤에다 감추고 의연하고 씩씩하게 웃으면서 손을 흔들어줘야 한다.

타오는 반갑게 웃으면서 인사했다.

"계속 일했어요. 똑같이 반복적인 일요. 교통시설업체 사장과 일하게 되었어요. 그저께는요, 낭떠러지에서 떨어질 뻔했어요. 화재 방지 산길 내는 작업이었는데 가드레일도 없이요. 철판과 말뚝을 박아 하는데 바쁘다 보니 차량 점검을 못 했나 봐요. 사이드 브레이크가 안 되더군요. 그래도 낭떠러지 쪽으로 가지 않고 안쪽으로 틀어서 포클레인을 들이받았어요. 사장님 화물차인데요. 정비 불량이었어요. 놀랐습니다. 사람이 이렇게 죽는구나, 별 게 아니구나, 하는 생각을 했어요. 일 자체가 도로에서 까먹는 시간이 많아서 정비를 안 했나 봐요. 딱 그 사건이 일어나니 머리가 하얗게 되면서, 오늘 일은 헛방이구나 싶더라고요. 차 앞 유리가 다 깨졌거든요. 그래서 변상해주겠다고 하니, 사장님이 그러지 않아도 된다고 하고 담당자한테 돌이 날라와서 깨져서 우리 애가 죽을 뻔했다고 하시더군요. 제가 타고나기를 기쁨을 주고 행복을 주는 사람인 것 같아요. 그런데 에너지가 빠지면 충전이 안 되니 답답하더라고요. 삶에 무엇이 있냐, 세상에 태어난 이유가 바로 기쁨과 행복을 주는 것이구나, 하고 생각했습니다. 1년에 한 번씩 책도 읽고 자격증도 따려고 합니다. 내 뜻대로 다 되지는 않겠지만, 그렇게 계획을 품고 맞춰서 살려고 하면 되겠지요. 에너지가 방전되려고 하면 버드새와 얘기합니다. 계속 그렇게 하고 있어요."

타오는 사고가 난 상황을 자세히 설명했다. 듣고 보니 현장 일은 위험한 일이었다. 자칫하면 생명을 잃을 수도 있는 다급한 순간이었다. 위험천만했지만, 다행한 일었다. 들으면서도 깜짝 놀랄 지경이었다. 나는 많이 놀랐을 것 같다며 위로했다. 미소를 지으며 타오는 과제 공책을 내밀었다.

> 수: 오늘은 병원 갔다 오는 날. 쉬면서 빨래를 했다. 잠을 설쳐서 오후에 한참을 자고 카드 선택 고민을 끝내고 고민을 날려 보냈다. 하나님께서 주신 축복의 하루. 하나님께서 나를 쉬게 하시고, 첫눈을 보면서 근심을 날려버린

자기 부정을 이겨 낸 타오 이야기

내가 좋다. / 목: 오늘은 쉬고 나오니 아침부터 오는 손님에게 바로 일을 나갔다. 늦은 시간까지 해서 2만 원을 벌었다. 감사하고 좋은 그런 사람들을 보내주시고 그분의 삶과 역경 일자리 이야기를 들었다. 내일도 나와서 일할 것이다. / 금: 오늘은 어제 일한 곳으로 갔다. 차량 난간 가드레일 작업이다. 용담댐 근처 산길 트레킹 코스. 눈을 3번 걸쳐서 내리는 환상의 코스를 작업했다. 진안군 일이다. 감사하다. 내일도 간다. 형국이의 막내 아이가 아파서 응급실 갔는데 돈이 없다기에 마음이 아프다. / 토: 오늘도 어제 간 곳으로 갔다. 근데 실수로 차 앞 유리를 왕창 깼다. 근데 사장님이 사람을 먼저 걱정하신다. 정말 감사한 하루였다. 정말 미안하고 죄송했다. 차 수리비는 변상 안 해도 된다고 그러셨다. 안전화로 나온 270mm를 형국이한테 주고 아이들 과자 사주라고 만 원을 기쁜 마음으로 줬다.

타오는 차량 난간 가드레일 작업 때 겪었던 일을 적으면서 '정말 감사한 하루였다'라고 적었다. 죽을 뻔하다가 살아난 하루를 두고 여러 생각을 할 수 있을 것이다. 재수가 없는 하루였다고 하기도 하고, 죽을 고비에 맞닥뜨리는 자신의 처지를 비관할 수도 있을 것이다. 타오는 그렇게 힘든 하루를 긍정으로 마무리하고 있었다. 게다가 그날, 현장에서 일하는 사람들에게 지급되는 안전화를 형국이라는 후배한테 줬다고 적혀 있었다. 게다가 아이가 네 명이나 있는 형국이한테 아이들 과자 값으로 만 원을 줬다는 거였다. 그 앞에는 형국이의 막내 아이가 아파서 응급실에 갔는데 의료비를 낼 돈이 없는 현실에 마음이 아팠다고도 적혀 있었다. 타오의 고운 마음을 고스란히 느낄 수 있었다. 쓴 글 중에 처음으로 등장하는 '카드 선택'이 무엇인지 물어보자 타오는 나중에 알게 될 거라고만 했다.

"새 안전화를 받았는데 형국이한테 줬어요. 그 동생 신발이 너덜거리니까요. 저는 견딜 만 합니다."

나는 타오가 한 일에 감동이 된다고 하며 어떤 시가 생각난다고 했다. 미국 작가인 켄트 M. 키스가 쓴 〈역설의 계명〉이라는 시인데 테레사 수녀가 콜카타에 있는 '어린이집' 벽에 걸어둔 것으로 유명한 시라고 했다. 이 시를 휴대폰으로 찾아서 낭송해주었다.

그럼에도 불구하고
- 켄트 M. 키스(Kent M. Keith)

사람들은 때로 믿을 수 없고, 앞 뒤가 맞지 않고 자기중심적이다. 그럼에도 불구하고 그들을 용서하라.
당신이 친절을 베풀면 사람들은 당신에게 숨은 의도가

자기 부정을 이겨 낸 타오 이야기

있다고 비난할 것이다. 그럼에도 불구하고 친절을 베풀라.

당신이 어떤 일을 성공하면 몇 명의 가짜 친구와 몇 명의 진짜 적을 갖게 될 것이다. 그럼에도 불구하고 성공하라.

당신이 정직하고 솔직하면 상처받기 쉬울 것이다. 그럼에도 불구하고 정직하고 솔직하라.

오늘 당신이 하는 좋은 일이 내일이면 잊혀질 것이다. 그럼에도 불구하고 좋은 일을 하라.

가장 위대한 생각을 갖고 있는 가장 위대한 사람일지라도 가장 작은 생각을 가진 작은 사람들의 총에 쓰러질 수 있다. 그럼에도 불구하고 위대한 생각을 하라.

사람들은 약자에게 동정을 베풀면서도 강자만을 따른다. 그럼에도 불구하고 소수의 약자를 위해 싸우라.

당신이 몇 년에 걸려 세운 것이 하룻밤 사이에 무너질 수도 있다. 그럼에도 불구하고 다시 일으켜 세우라.

당신이 마음의 평화와 행복을 발견하면 사람들은 질투를 느낄 것이다. 그럼에도 불구하고 평화롭고 행복하라.

당신이 가진 최고의 것을 세상과 나누라. 언제나 부족해 보일지라도, 그럼에도 불구하고 최고의 것을 세상에 주라.

하늘이 알고 땅이 알고

이 시를 보여주면서 몇 구절을 낭송하고 있을 때였다. 갑자기 타오는 울기 시작했다. 곧이어 꺼이꺼이 목놓아 울었다. 낭송을 다 하고 나서도 울음은 그치지 않았다. 그러면서 말했다.

"얼마나 마음이 아프겠어요. 그럼에도 불구하고 해야 한다는 게. 진솔한 얘기를, 그걸 다 느꼈어요. 그래도 기쁘고 행복을 나누라니 ……."

뒷말을 잇지 못하고 또 울었다. 그러다가 다시 말했다.

"도대체 어떻게 해야 돼! 욕하고 싶은 사람에게 나는 축복을 줍니다. 언젠가 저한테 하셨던 집사님 말씀대로요. 당신의 입에서 욕하면 안 된다. 내 눈에 들보가 있는데 남의 티끌을 비판할 자격이 없다는 말씀요. 축복만 하면 됩니다. 죄와 벌의 권한은 하나님한테 있으니 그저 사랑하는 것이 합리적입니다. 그게 첫 번째입니다. 그 중에 제일입니다."

타오는 참으로 바른 말을 했지만. 그것만큼 어려운 게 없는 일이다. 나를 욕한 사람에게 욕이 아니라 축복을 하는 것, 이게 감히 가당키나 한 일인가? 이 시를 처음 만난 것은 십 년도 더 되었지만, 이 시대로 조금이라도 해본 것은 불과 몇 년 되지 않는다. 며칠 전에는 조카한테 해본 적이 있다. 무조건 칭찬과 풍성한 격려의 말을

자기 부정을 이겨 낸 타오 이야기

내가 해주지 않는다고 토라진 조카는 자신의 동생한테 내 욕을 했다. 그 동생은 그렇게 욕한 내용을 녹음해서 내게 보내왔다. 나는 그저 흘러들었다. 별로 크게 마음 아파하지도 않았다. 다만, 그렇게 하는 조카들이 안타깝기만 했다. 자주 만나지는 않아도 명절에 잠깐 찾아오곤 하는 조카가 인사차 내게 연락을 해왔다. 밝게 근황을 알렸고, 나도 덕담만 건네주었다. 그저 축복만 했다. 달리 내가 뭐라고 할 수 있을까. 딸한테도 그랬다. 결혼해서 외국에 살고 있는 딸은 거의 연락을 해오지 않는다. 아들을 키우면서 나를 원망하는 마음이 가득하다고 했다. 어떻게 이렇게 귀여운 자식을 두고 엄마는 돈을 벌러 갈 수 있었어? 도대체 이해가 안 가! 내가 벌지 않으면 굶어 죽었을 거라고 아무리 말해도 소용없었다. 나는 다만 축복할 뿐이다. 언젠가 이들은 알게 될 것이다. 그렇게 말하는 것이 아니었다는 것을. 다만 내 감정, 내 생각에 빠져서 함부로 판단하고 욕했다는 사실을 나중에는 결국 깨닫게 될 것이다. 나는 다만 축복하고 감사할 뿐이다. 그것에 내가 해야 할 일이므로. 또 하나 더 있다. 오늘 내가 한 일이다. 코로나에 걸렸다는 언니 내외한테 쌍화차를 구입해서 보냈다. 그 언니와 형부는 수년 전에 내가 조카 편을 들었다는 이유로 나를 평생 보지 않겠다며 엄청난 욕을 장문으로 적어 내게 보내오기도 했다. 그렇게 뺨 때린 이를 오히려 축복하니 이상하게도 마음 깊이에서 솟아나는 희열 같은 게 있다.

금강경에 '무주상보시無主相布施'라는 말이 있다. 집착 없이 베푸는

하늘이 알고 땅이 알고

보시를 뜻한다고 한다. 보시는 남에게 베풀어주는 것을 말한다. 금강경에 나오는 글귀의 원래의 뜻은 법法에 머무르지 않는 보시라고 한다. 이 보시를 간략하게 설명한 법륜스님의 말을 들은 적이 있다. 베풀었는데도 욕을 들으면 그 덕이 하늘에 바로 직통으로 가서 쌓인다는 것이다. 아주 적절하고 탁월한 말씀이었다. 심상 시치료를 해보면, 이 말을 실감한다. 학기 강의를 맡으면서 '인간관계와 의사소통'이나 '대체요법'이라는 강의를 할 때 심상 시치료 기법을 활용하기도 한다. 학생들은 대부분 한 번도 경험하지 못했던 독특한 방법으로 진행하는 워크숍에 흥미를 가진다. 열려있는 마음으로 접하며 자신의 내면을 탐색하기도 한다. 그런데 몇몇 학생을 욕을 한다. 그 욕하는 것이 그대로 눈에 들어온다. 눈을 감자고 하면 뜨고 있고, 옆 학생과 속닥이며 비웃는다. 경험한 것을 써보자고 하면 대충 휘갈겨서 낸다. 제출한 것으로 점수를 매기겠다고 하면 애써서 일부러라도 지어내면서 성실한 척하기도 하지만, 또 때로는 이런 것 따위는 하찮다고 팽개치듯 적어내기도 한다. 그 모든 것이 눈에 보이는데 나는 태연해야만 한다. 화를 내면서 수업을 할 수는 없고, 또 그렇게 화를 내봐야 고쳐지지도 않는다. 좋은 마음에서 하지만 비웃음과 조롱과 멸시를 당하는 것이 자못 안타깝고 아프다. 그런데 신은 내게 이렇게 말씀하신다. 신앙으로 겸손하고 사랑으로 당당하라고. 사랑하는데 위축되지 않기로 스스로 마음을 다진다. 사랑을 베풀었지만 내게 침을 뱉을 수도 있다. 그래도 나는 당당하리

자기 부정을 이겨 낸 타오 이야기

라. 어렵지만 그렇게 하리라. 내 덕은 이 땅이 아니라 하늘에 고스란히 쌓이고 있으므로. 이 시는 바로 그런 당당함을 노래하고 있다. 시를 끝까지 내가 낭송했고, 타오는 계속 울면서도 듣고 있었다. 조심스럽게 타오한테 우는 이유를 물어보았다. 눈물을 글썽거리며 타오가 답했다.

"동감이 가니까요. 시 속의 마음과. 얼마나 상처를 받았을까요?"
그리고도 또 울었다. 나를 따라해 보라고 했다. 그리고 먼저 운을 뗐다.

"하늘이 알고"
타오가 따라 했다.

"하늘이 알고"
나는 연이어 말했다.

"땅이 안다."
울음을 그치고 갑자기 타오가 웃으면서 따라했다.

"땅이 안다."
나는 이렇게 말했다.

"사람은 어리석어서 잘 모르지만요. 하늘이 알고 땅이 압니다. 그러니까 억울하지 않지요."

타오는 빙긋이 웃었다. 나는 울다가 웃으면 어떻게 되는지 알고 있냐고 하니 타오가 더 크게 웃었다.

"오늘은 마음속으로 기도하면서 하루를 쉬었습니다. 사람은 안 되지만 하나님이 사랑을 알게 해주십니다. 그 시를 보고 울지 않는 사람도 있나요? 그런 사람조차도 하나님이 축복하고 사용하실 겁니다."

이 시를 보고 우는 사람은 지금껏 타오밖에 보지 못했다. 세상은 각박하고 사람들은 더욱 메말라간다. 에드워드 호퍼의 그림 속 인물들처럼. 함께 있어도 결코 같이 있지 못하는 외롭고 각자 다른 섬에서 살고 있는 현대인들처럼.

타오가 이렇게 말하면서 공책에 시인의 이름 '켄트 M. 키스'를 적었다. 나는 다음 시간에 이 시를 복사해서 드리겠다고 했다. 타오는 고개를 끄덕였다. 울음을 완전히 그치고 환해진 얼굴이었다.

심상 시치료 첫 번째 순서로 한국화가 벽강 류창희 화백의 〈무궁-소리(옴)-춤추는 둥근 호흡〉을 준비했다. 먼저 그림 감상을 해보자고 하며, 인쇄된 그림을 건네줬다.

무궁-소리(옴)-춤추는 둥근 호흡.

Eternity-Sound(Om)-Dancing Round Breathing

그림에 대한 느낌을 말해보자고 했다. 타오는 '그림 같은 그림'이라고 했다. 알쏭달쏭한 말이었다. 어떤 뜻인지 물어보았다.

"상하좌우가 보는 각도에 따라 달라 보여요. 가운데 부분은 해와 달과 만물이 교차하는 것을 표현한 것 같아요. 들어갔다 나갔다 하는 굽이진 세월, 역경, 길이 생각납니다."

나는 한가운데 부분에 초점을 맞춰서 어떤 느낌인지 다시 말해 달라고 했다. 타오는 이렇게 말했다.

"만물의 조화를 이해하신 분, 생과 사를 이해하신 분, 힘의 원천, 빛과 그림자 어둠과 선과 악을 이해한 분이 중심에 계십니다."

형이상학적이지만, 제대로 잘 느끼고 있었다. 만물, 음과 양의 조화를 이해하고 생과 사를 관장하고 힘의 원천이며 빛과 그림자 어둠과 선과 악을 이해한 분이라면 분명 인간을 초월한 존재일 것이다.

나는 잠시 뒤, 이 그림 안으로 들어갈 거라고 알렸다. 눈을 감으면 이 그림의 한가운데, 방금 느낌을 표현한 곳으로 들어갈 거라고 했다. 지금 그림 속에 앉아있는 분의 자리에 타오가 앉게 될 거라고 했다. 그리고 눈을 감고 열 번 정도 복식호흡을 하도록 했다. 온몸과 마음을 이완하게 하고, 다음의 멘트를 들려주었다.

나는 지금 〈무궁-소리(옴)-춤추는 둥근 호흡〉이라는 작품 앞에 있습니다. 잠시 후, 세 번을 세면 작품 안의 가장 중앙의 자리에 들어가게 됩니다. 세 번을 세겠습니다. 하나, 둘, 셋! 나는 지금 작품 안에 있습니다. 주위를 둘러보시기 바랍니다. 어떤 느낌이 드는지 고스란히 느껴 보시기 바랍니다. … … … 나는 지금 우주의 에너지를 그대로 받고 있습니다. 그것은 내 마음의 중심에 있는 빛이기도 합니다. 내 안의 빛, 우주의 에너지가 지금 나에게 어떤 말을 들려주고 있습니다. 마음의 빛이 하는 메시지를 그대로 들어보시기 바랍니다. 그리고 나도 함께 대화를 나눕니다. 무엇이라고 대화가 오고 가는지 들어보시기 바랍니다. … … … 자, 이제 대화를 마무리 짓습니다. … … … 자, 이제 지금, 현재의 느낌을 그대로 간직한 채 세 번을 세면 현재로 돌아오면 됩니다. 하나, 둘, 셋!

눈을 뜬 타오한테 체험한 것을 들려달라고 했다.

"혼돈이 느껴졌습니다. 먼지 같은 한낱 바람과 같은 시간 속에서 허무함을 쫓는 것을 바라보았습니다. 메시지가 들려왔습니다. '보이느냐. 봤느냐. 겨우 짧은 시간밖에 안 되는 속에 먼지 같은 너희들이 욕심과 괴물로 변하고 있구나. 너희들이 욕심을 조금 버리고 타협하면 잘 살 수 있는데 욕심으로 인해 피 흘리고 죽고 죽이는 나약한 존재가 되었구나. 그냥 한번 툭 털어버리면 한 세대가 사라지는 아무것도 아닌데…….' 그러면서 불쌍하고 안타깝게 저를 바라보더군요. 달리 할 말이 없었습니다. 그게 정답이기 때문

217

에요. 이 사실을 알려주고자 많은 이들이 왔다 갔는데 그들이 말을 알아듣지 않는다고 생각했습니다."

나는 그 메시지를 들을 때의 느낌을 물어보았다.

"다 부질없어 보입니다. 욕심도 미움도 사랑도. 참 그저 허무합니다. 답답한 혼돈 속에서 허무합니다."

타오는 허무함이 짙게 배이는 표정으로 지그시 눈을 감으며 말했다. 느낀 그대로 하는 말이지만, 이대로 끝낼 수는 없었다. 눈을 감기 직전에 타오가 했던 말을 들려주었다. 정중앙에 '만물의 조화를 이해하신 분, 생과 사를 이해하신 분, 힘의 원천, 빛과 그림자 어둠과 선과 악을 이해한 분이 중심에 계신다'는 타오의 말대로 이분이 어떤 메시지를 들려주실지 지금 바로 떠올려보자고 했다. 그러자 타오가 말했다.

"미워하지 말고 축복하며 살자. 하루하루 흘러가고 고통도 금방 지나간다."

나는 타오가 '축복'을 말하는 순간 얼굴이 퍼지는 것을 놓치지 않았다. 타오는 이렇게 덧붙였다.

"사람은 인내심이 적다는 것을 느꼈습니다."

나는 방금 떠올린 메시지를 통해 깨달은 것을 말해보자고 했

자기 부정을 이겨 낸 타오 이야기

다.

"인내하면서, 항상 부족한 것만은 아니니 긍정의 생각을 가지고 살자. 나를 타인과 비교하지 말라. 나와 그 사람은 다르니까. 그것 자체가 욕심이다."

방금 한 말 중에서 핵심어를 노트에 적고 별 다섯 개를 그려보 도록 했다. 타오는 이렇게 적었다.

긍정의 생각을 가지고 살자. ☆☆☆☆☆

"이제, 별이 참 잘 그려집니다!"

타오가 환하게 웃으면서 말했다. 이 말이 결론인 셈이었다. '긍정 의 생각을 가지고 살자.'

두 번째 심상 시치료로 '마음의 빛'을 준비했다. 인간은 누구나 생명을 부여받은 순간부터 '마음의 빛'이 있고, 이 빛은 저마다 고 유하다는 사실을 알렸다. 이 빛이 없다고, 마음에는 어둠이 가득 하다고 생각하는 사람에게조차 빛은 존재한다. 다만 살아오면서 숱한 부정적 경험으로 인해 자기도 모르는 사이에 빛을 가리게 될 뿐이다. 특히 많이 가려진 사람들은 내면에 어둠만 가득 차 있다 고 착각하기 마련이다. 하지만 이 빛을 자각하고 가렸던 것을 들

하늘이 알고 땅이 알고

취내면, 분명히 빛은 살아 움직이는 근원의 힘의 실체로 느낄 수 있다. 그리고 이 빛은 인간의 마음 안에 외따로 존재하고 있는 것이 아니다. 여기에는 우주의 에너지, 전지전능한 신이 임재한다. 해서 '빛'은 바로 내면의 근원적 힘이고, 이 힘은 우주, 혹은 신과 닿아있다.

이제 타오한테 존재하는 '마음의 빛'을 만날 차례였다. 타오는 어떤 마음의 빛깔을 가지고 있을까? 지금, 현재, 이 순간에 '마음의 빛' 하면 떠오르는 색깔을 선택해보자고 했다. 그 마음과 완전히 똑같지는 않지만, 유사한 빛깔이라고 느껴지는 색연필로 빛을 그려보자고 했다. 사실 우리의 마음을 3차원 수준에서는 오롯이 표현할 수 없다. 언어든 그림이든 다른 예술이든 그렇다. 다만, 서투르게 흉내 내어서 간신히 마음을 나타낼 뿐이다. 타오는 망설이지 않고 파란 색연필을 꺼내어 공책 가득 빛을 그리기 시작했다.

"파란 하늘빛요. 구름 한 점 없는 가을 하늘빛입니다. 우주를 볼 수 있는 하늘. 파란 하늘 너머를 뻗어가면 지구를 넘어서 우주를 볼 수 있는 파란 하늘빛. 원래 제가 보라색을 좋아했지만 알고 보니 제 마음빛은 파란 하늘빛입니다."

타오가 파란 하늘빛 같은 표정으로 말했다.

자기 부정을 이겨 낸 타오 이야기

이제 눈을 감고 복식호흡으로 온몸을 이완한 뒤 '마음의 빛'을 떠올려 보자고 했다. 그 빛이 지금, 현재, 이 순간 나에게 들려주는 메시지를 그대로 들어보자고 했다. 메시지를 다 듣고 나면 눈을 뜨면 된다고 했다. 그렇게 진행하고 난 뒤 타오가 눈을 뜨고 나서 말했다.

"어렵고 힘들지만 아주 오래전에 선택한 길이기에 어쩔 수 없다. 인내하고 걸어가라.' 이 말을 들었습니다. 아주 또렷하게요."
나는 이 말을 공책에 그대로 옮겨 적게 했다.

> 어렵고 힘들지만 아주 오래전에 선택한 길이기에 어쩔
> 수 없다. 인내하고 걸어가라.

'아주 오래 전에 선택한 길'이라는 것은 이상하고 독특한 말이다. 이 말은 태어나기 전에 이미 주어진 선택, 선험적인 선택을 의미하는 말이기도 했다. 경험하기 이전에 이미 지각하고 있는 '선험적'은 형이상학을 수용해야 이해 가능한 말이다. 육체와 하나로 합쳐지기 이전에 영혼의 상태였을 때 우리는 이미 선택했을 수도 있다. 지금, 이렇게 살고 있는 삶의 조건과 환경을 기꺼이 선택하고 내려왔을 수도 있다. 하나도 논리에 맞지 않으며 증명될 수도 없는

하늘이 알고 땅이 알고

말이지만, 그랬을 수도 있다. 이런 부모님을 만나고 이런 형제와 자매를 만난 것을 미리 설계하고 태어난 것인지도 모른다. 말도 되지 않는다고 우길 수도 있다. 이왕 선택한다면, 부잣집에서 훌륭하고 멋진 덕망이 높은 부모를 선택했을 거라고 말할지도 모른다. 그런데 우리가 이 땅에 태어난 이유는 잘 먹고 고민 없이 잘 살기 위해서가 아니다. 그렇다면 예수님과 석가모니 같은 성인들이 그 목적을 얘기했을 텐데, 그 어떤 성인들도 그렇게 말하지 않았다. 우리가 이 땅에 온 목적은 너무나 분명하다. 영혼의 성장을 위해서다. 그 목적을 위해서라면 모든 것을 감당했을 것이다. 악조건 속에서 피어나는 꽃이 진귀한 것처럼, 인간의 선택도 마찬가지다. 열악한 조건이라면 그것만큼 영혼의 성장에 탁월한 배경이 없다. 그러니, 시도 때도 없이 마음에 들지 않으면 바로 욕부터 나오는 경계성 인격장애인 어머니를 만난 것, 내 나이 22살에 위암으로 돌아가신 아버지를 만난 것, 평생 비교의식으로 얼룩져서 질투와 공격의 대상으로 나를 삼는 언니를 둔 것 모두 내가 한 선택인 것이다. 선택을 받아들이는 것은 쉽지 않지만, 거부하는 것은 그야말로 어리석다.

이렇게 관점을 정리한 것은 아주 오랫동안 관련 서적을 읽고 마음을 연구한 덕분이다. 그런데 타오는 어떻게 알았을까? 한순간에 신의 메시지를 듣고만 것이다.

자기 부정을 이겨 낸 타오 이야기

다음 시간까지 해올 과제를 알렸다. 마지막 과제였다. 타오는 아쉬움이 가득 묻어난 얼굴로 받아적었다.

"눈을 감고 복식호흡을 다섯 번 하면서 '감사합니다'라고 속으로 말하고, 마음의 빛 메시지를 듣습니다. 마음의 빛인 파랑 하늘빛이 주는 메시지는 그냥 지금처럼 이 빛깔을 떠올리면 됩니다. 겸손하게 듣겠다는 마음으로 마음을 내려놓고 기다리면 됩니다. 그다음, 다시 '감사합니다'를 다섯 번 말하고 나서 눈을 뜬 다음, 들은 메시지를 그대로 적어오면 됩니다. 하루 한 번씩 해보시기 바랍니다."

이 과제는 사실 쉬운 것이 아니다. 하루에 한 번씩 꾸준하게 내면의 목소리를 듣는다는 것은 아마도 도를 많이 닦은 이들만이 할 수 있는 건지도 모른다. 그렇지만 타오는 해냈다. 지금처럼만 해보면 할 수 있을 것이다.

타오는 잘 알겠다고 고개를 끄덕이며 말했다.

"나만의 빛깔을 찾았습니다. 내 마음의 메시지를 들었습니다. 모든 일은 순간이기에 인내하고 걸어가라. 이 말씀을 받아들입니다. 화가 올라오는 것도 알고 보면, 화낼 거리도 안 됩니다. 바보 같은 거지요. 감사하게 생각하고 축복하면 짧은 순간에 달라지는 내 모습을 보게 됩니다. 콩나물 키우는 것과 같지요. 물을 주고 나서 덮어 놓고 또 물 주고 그러면서 보면 자라납니다. 그러면 어느 날, 많이 자랐네! 그렇게 말할 수 있겠지요.”

타오는 이번 회기 참여 소감을 말하면서 꾸벅 인사를 했다. 키가 불쑥 자라난 콩나물처럼 웃었다.

자기 부정을 이겨 낸 타오 이야기

열 번째 만남

내 마음의 마당

내담자의 마음이 고스란히 내게 훅 들어오는 적이 있다. 내담자가 어떤 감정을 가지고 있는지 군이 듣지 않아도 내 마음에 전달되어 오기도 한다. 내가 이상한 능력이 있는 이상한 사람이 아니라 인간이면 누구나 그럴 수 있다. 관심을 가지고 집중하며 상대방의 느낌이 그대로 전해오는 경험 말이다. 분위기라고 할지 기운이라고 할지 그런 느낌이 전해온다.

타오가 느끼는 것을 짐작해본다. 겉보기와 달리 그는 씩씩하지 않다. 이별을 못내 아쉬워한다. 중고등학생 때 마음에 맞는 교생선생님의 작별처럼. 그때 우리는 전부 울었다. 헤어질 수밖에 없는 것은 알지만 너무나 섭섭했던 것이다. 이제 중 2, 트라우마로 인해 오랫동안 울고 있었던 마음속의 아이는 눈물을 그쳤다. 그 아이가 우는 것이 아니라 정이 많고, 정에 약한 어린 자아가 우는 것이다. 타오와 마지막 회기 진행을 위해 오는 동안 그 마음을 느끼고 있었다. 다소 울적해 보이는 얼굴로 타오가 프로그램실에 들어왔다.

내 마음의 마당

"돌멩이를 던졌어요. 일 시키는 사장님이 저한테요. 처음과 끝이 같지 않게 간사하구나, 하는 생각을 했어요. 저녁 늦게까지 일을 시키고 6시가 넘었고, 여기오니까 7시더라고요. 차 유리 사고 낸 미안한 마음을 전했더니 저를 만만하게 봐서 그렇게 했다는 생각이 들어요. 저를 길들이기 하는 작업 같더라고요. 자신을 자랑하면서 이런 방식으로 설명했어요. 돈은 이렇게 버는 거다, 짠돌이처럼. 그랬어요. 어제요? 마음을 달랬습니다. 좀 비속적인 것인데. 말해도 되나요? 여관방에서 하룻밤을 지냈어요. 수요일에요. 통장님이 계시더군요. 청소년 접근 금지 구역이라서 점검 나오신 것 같았어요. 잠깐 사이에 연애를 하고 나서 통장님과 얘기도 나누며 반주도 했어요. 통장님이 많은 사람을 봤는데 당신은 어둠이 아니라 빛이다 그러시더군요. 그 말을 나비 효과, 그게 무슨 효과인가? 그것처럼 저번 시간에 했던 '빛'을 또 겪었어요. 그러고 나니까 주인집 아주머니와도 같이 대화를 하게 되고 그렇게 하다 보니까 저한테 똑같은 말을 해주시더군요. '수고한 나를 감사하고 아껴라.' 그러셨어요. 그래서 세상에 돈을 밝히는 사람만 있는 건 아니구나, 하는 생각이 순간적으로 들었어요. 자고 개운하게 일어나고 나오려는데 동생, 밥 먹고 가. 그러셨어요. 여관 사장님이요. 그래서 휴대폰 정리하는 방법을 알려드렸더니 저보고 이렇게 잘 가르치니 이걸 책으로 써봐, 그러시더군요. 고맙다며 구운 김 다섯 봉지를 주셔서 가지고 왔어

자기 부정을 이겨 낸 타오 이야기

요."

　역시 진솔한 타오. 꾸미지 않고 있는 그대로 사실을 털어놓았다.
타오는 마음을 달래려고 여자를 만났을 것이다. 살다 보면, 짠돌이
같은 이를 만날 때도 있다. 마음 좋게 보았던 사장이 알고 보면 제
대로 베풀지 않는 속물근성을 보였을 수도 있다. 그렇지만 똑같은
사람들만 모여 살아가지 않는 게 세상의 재미난 점이다. 같은 사람
이라고 하더라도 베푸는 정도가 감정에 따라 다를 수도 있다. 어쨌
건 타오는 여자를 만나려고 여관에 갔던 것이고, 그곳에서 통장을
만나서 얘기를 나눴다. 자신을 '빛'이라고 표현하는 말에 감동을 받
았고 프로그램 때 했던 것과 같은 맥락을 느꼈던 것이다. 여관주인
아주머니는 신기하게도 '수고한 나를 감사하고 아껴라'라는 말을 해
주었다. 보통 듣기 힘든 말들을 통장과 여관주인을 통해서 들었다
는 타오. 그는 과제를 잘하지 못했다며 쑥스러운 듯 공책을 내밀었
다. 나는 마지막 과제를 소리 내어 읽기 시작했다.

　　　오늘은 마음이 많이 아프다. 사랑의 궁핍하여 과한 술과
　　　저녁을 먹고 눈물이 나서 괴로웠다. 하지만 그럼에도 불
　　　구하고 좋은 분을 만나 감사하다. 또 감사하다. 역시 버
　　　드새와의 대화, 기쁨과 행복을 전해져 온다. / 오늘은 이
　　　브. 선물은 점심과 김 다섯 봉지. 사람은 몰라도 하늘과
　　　땅이 알고 항상 지켜보시는 하나님의 사랑에 감사하다.

과제는 잘 못 지켰지만, 마음이 따뜻한 하루이다. 정말 감사하고 고맙고 행복의 하루를 축복한다.

태연하게 읽었지만, 얼굴이 굳어지려고 했다. 애써 감정을 숨기며 읽어내려갔다. 아, 그랬구나. '사랑의 궁핍함'을 느꼈구나! 나는 어쩔 수 없는 타오의 감정을 있는 그대로 바라보았다. 크리스마스 이브는 가족이나 연인들한테는 너무나 따뜻하고 행복한 날이겠지만, 혼자 지내며 집도 없는 이들한테는 쓸쓸하기 짝이 없는 날이기 마련이다. 게다가 심상 시치료 프로그램도 이제 마지막을 앞두고 있었다. 내 얼굴이 굳어진 것은 그게 아니다. '술'을 마셨다는 타오의 말 때문이었다. 그는 숱하게 술을 끊었다고 했다. 그게 아니었던 것이다. 그에게 정신과적인 진단명을 직접 물어본 적은 없지만, 짐작하건대 그는 우울과 조증을 넘나드는 증상을 가지고 있는 듯했다. 그는 오랫동안 술로 외로움을 달랬다고 말했던 적이 있었다. 목수 자격증을 따면서 막걸리를 주전자로 몇 년간 날마다 마셨다고 하기도 했다. 게다가 교도소에서 복역할 만큼 성폭력 사건을 일으켰을 때도 술을 마신 상태라고 했다. 그렇다면 그는 알코올 남용 문제도 함께 가지고 있는 셈이었다. 그런 그가 술을 다시 마신다는 것은 지극히 위험했다.

"어느 정도 술을 마셨나요?"
나는 나지막한 음성으로 물었다.

자기 부정을 이겨 낸 타오 이야기

"소주 두 병요."

시무룩한 음성으로 타오가 답했다. 교도소에 있을 때와 나와서 지킨 금주 기간을 물어보았다. 타오는 2년 6개월 동안 교도소에 있었고, 출소해서는 6개월 동안 거의 안 마셨다고 했다. 그러다가 간간이 홧김에 캔맥주 하나씩을 마시곤 했다 한다.

"성폭행 사건에 대해서 자세히 말해줄 수 있을까요?"

내가 물었고, 타오는 낮은 음성으로 말하기 시작했다. 노래방에 가서 그 상대를 우연히 만났다고 했다. 자주 가는 것은 아니지만, 어쩌다가 한 번씩 가면 다른 노래방에 있는 사람들과 함께 모여 놀기도 했다는 거였다. 그날은 술을 많이 마셔서 필름이 끊겼고, 자신이 어떤 일을 저질렀는지 잘은 모르겠지만 여자가 피해 당했다는 신고를 했다고 한다. 여기저기 멍이 있었다고 들었다는 했다. 술을 마시고 법적인 처벌을 받은 일은 그때가 유일한 일이었다는 거였다. 나는 알겠다고 말해줘서 고맙다고 했다. 그리고 타오한테 술은 쥐약과도 같으니, 어떻게 하겠는지 물어보았다. 타오는 금주하겠다고 했다. 그리고 공책을 펼치더니 이렇게 적었다.

나는 현재 이 순간부터 금주하겠다. 나의 다짐을 지키자.
마음의 빛의 힘으로 해냈다.

내 마음의 마당

이미 '해냈다'라고 적은 것에 대해 큰 에너지가 느껴진다고 말하며 응원했다. 타오는 이 약속을 지킬까? 두 번 다시는 같은 잘못, 성폭행을 저지르지 않을까? 약속을 어기고 캔맥주나 소주를 계속해서 마시다가 필름이 끊길 정도까지 만취한 어느 날, 자신도 모르는 끔찍한 일을 또다시 저지르게 될까? 알 수 없다. 그렇게 오랫동안 마셔왔던 술, 외로움을 달래려고, 혹은 막노동을 하고 난 피로를 술로 풀었던 그 오래된 버릇을 이제 더 이상 하지 않을 수 있을까?

나는 어땠을까? 술을 잘 마시지 못했던 나는 어처구니 없게도 알코올중독이라도 되어 보려고 애썼던 날이 있었다. 이십 대 후반이었다. 군대 내무반보다 더 삭막한, 이층 침대가 즐비한 병원 내에 있는 기숙사에서 머리맡에 빼갈을 놓아주고 홀짝였다. 일주일 정도 그러다가 말았다. 그뿐만 아니다. 술을 먹고 골목 위 평상에 누워버린 적도 있었고, 감정을 폭발시키거나 말실수를 하거나 그러지 않았어야할 치명적인 행동을 한 적도 있었다. 심지어는 운전을 한 적도 있었다. 술을 마셨던 모든 장면들을 캡처해보면 나는 당연히 징역감이었다. 그런 내가 이제 술을 마시지 않는다. 일부러 술을 찾으려는 마음도 없다. 나도 해냈는데 타오는 하지 못할까? 못한다고 의심해야할까?

나와 친한 화가가 있다. 오래 전에 이미 죽은 화가 위트릴로다.

자기 부정을 이겨 낸 타오 이야기

그는 십 대 때부터 오십이 넘는 나이 동안 알코올중독으로 살아갔다. 정신병원에 수시로 입원을 하곤 했다. 그러던 그가 쉰을 훨씬 넘기고 나서 그는 금주에 성공했다. 위트릴로와 많은 대화를 마음으로 나눴다. 아마도 내가 하늘나라로 간다면, 그가 대번에 나를 알아보고 다가올 것이다. 그런 위트릴로도 술을 끊었는데 타오는 안 된다고 말할 수 있을까? 혹은 타오가 술을 끊는다는 약속을 분홍빛으로만 여길 수 있을까? 순수하게 그럴 거라고 믿고 박수를 보낼 수 있을까? 알 수가 없다. 어떻게 앞날을 알 수 있겠는가.

다만, 지금, 여기, 이 순간에 분명히 알 수 있는 것은 타오는 예전의 나약하기만 한 타오가 아니라는 사실이다. 타오에게는 '마음의 빛', '버드새'가 엄연히 존재하고 있다. 어떤 길이 올바른지, 방향에 대한 아름다운 갈림길을 '마음의 빛'와 '버드새'가 알려줄 것이다. 단, 타오가 마음의 문을 활짝 열어두기만 한다면 말이다. 혹은 타오가 자신도 모르게 마음 문을 닫으려고 한다면, 검은색 물감 쪽으로 방향을 틀려고 할 때도 '마음의 빛'과 '버드새'가 도와줄 것이다. 하늘나라에 머물고 있는 타오의 아버지도 들리지 않는 엄청난 소리로 응원할 것이다. 그러니 타오는 혼자가 아니다.

나는 어떤가? 혼자가 아니라는 사실을 너무나 잘 알고 있지만, 때때로 외로움이 물결처럼 밀려오기도 한다. 나한테 없는 반려자. 나한테 없는 친구. 지금 이 순간, 함께 있을 수 없는 사람이 그리워서 울기도 했다. 그런데 살아보니, 나이가 들어보니 사무치는 순간은 많이 옅어지고 견딜 만해졌다. 그래서 나이가 드는 것이 너무나 좋다. 70살, 80살이 너무나 기다려진다. 아니, 솔직하게 말하자면 하늘나라로 가는 날이 기다려진다. 그곳의 삶은 얼마나 아름다울지 생각만 해도 설렌다. 안다. 이렇게 말하는 내가 정상이 아니라는 사실을. 내가 아는 한, 사후의 삶은 지상의 삶 동안 이뤄낸 에너지로 인해 연결된다. 솔직하게 말하자면 나는 하도 많은 자살을 생각해오고 시도해왔기에 죽지 않으려고 치료사의 길을 선택했다. 생명을 살리는 일을 하면서 내가 스스로 목숨을 끊는다면, 그야말로 파렴치한 이율배반이기 때문이다. 그 정도로 양심이 망가져 있지 않기에, 적어도 치료사를 하면 살겠구나 싶었다. 하지만 때때로 밀려오는 외로움도 있다. 그렇지만 외로움은 왔다가 어느 순간 가버린다. 마음에 수시로 찾아오는 여타의 감정들처럼. 그냥 단순히 알아차리기만 해도 감정은 발길을 멈춘다. 좀 더 그 감정을 잘 들여다보면 어느 순간에 사라지고 만다. 애써서 달래지 않아도 알아서 가버린다. 나는 외로움을 느끼고 있구나. 나는 지금 슬퍼하고 있어. 고단하고 많은 스트레스를 받고 있구나. 가슴 아파하며 괴로워하고 있구나. 이렇게 나를 바라보면 극심한 감정의 발버둥이 멈춰진다. 다음 순간에는 감정의 요동이 잔잔해지다가 조금 더 시간이 지나면 괜찮아진다.

실은 연습이 필요하다. 한 번도 해보지 않다가 하면 잘되지 않는

자기 부정을 이겨 낸 타오 이야기

다. 해보면, 놀랍게도 점점 능숙해진다. 그러다 보면, 마음의 빛이 내게 하는 말도 듣게 된다. 그럴 때 마음의 빛은 이렇게 말한다. 됐다. 그만해라. 그만해도 된다. 그러고 나면, 내 머리 위에 씌워져 있던 먹구름이 한순간에 걷히게 된다. 어쩌면 타오도 그럴 수 있을 것이다. 왔던 외로움을 그저 바라보는 힘으로 외로움을 흘러보낼 수 있을 것이다. 한 번에 잘되지 않겠지만, 차츰 해나갈 수 있을 것이다. 긍정의 기운으로 타오를 축복하고 싶다.

마지막에 할 심상 시치료로 '마당'을 준비했다. 내 마음의 마당이 있다면 누구를 초대하고 싶은지 물어보았다. 타오는 밝은 얼굴로 이렇게 말했다.

"인연이 된 모든 사람을 초대하고 싶습니다. 그런 마당이 있으면 다 같이 웃으면서 삶을 얘기할 수 있겠지요. 창수라고 외항선 탔을 때 만난 친구인데, 북해도 오로라도 보고, 얘기하기도 하고, 남산만한 파도가 때리는 걸 같이 목격했던 친구입니다. 그 친구도 초대할 거예요. 바다에서 태풍이 일어나면 하수구 물이 내려가는 것과 똑같습니다. 바닷속이 뒤집혀집니다. 지저분한 것들이 깨끗이 정화되지요. 그 순간, 배는 기울어지고 두꺼운 철판 소리가 나고 진동이 일어납니다."

내 마음의 마당

언뜻 들었던 과거 이력으로 볼 때, 타오는 외항선을 타기도 하고 목수를 하기도 했다. 지금 순간, 그리운 마음을 담아 창수라는 친구를 떠올린 것 같았다. 그 시절의 추억도 잠시 스쳐 지나갔을 것이다. 태풍 치는 바다를 만나기도 했을 것이다. 배가 기울어지면서 내는 두꺼운 철판 소리와 진동을 상상해보았다. 끔찍할 정도로 위험한 순간이지만, 그때 바다는 온몸을 뒤척이며 정화작용을 해내는 것이다. 타오는 자신의 삶에서 몹쓸 태풍을 만났고 이제 제대로 정화해야 할 상황에 놓인 것이다.

타오한테 눈을 감고 열 번 정도 복식호흡을 하자고 했다. 그렇게 온몸과 마음을 이완한 뒤 다음 멘트를 들려주었다.

내 마음의 마당을 떠올려 봅니다. 마당의 넓이와 크기는 내가 떠오르는 대로 정해집니다. 내 마음의 마당을 떠올려보시기 바랍니다. 내 마음의 마당에 내가 서 있습니다. 나는 이 마당을 어떻게 꾸미고 싶은가요? 내가 꾸미고 싶은 대로 마당을 꾸며 봅니다. …… 내가 꾸민 마당에 어떤 존재를 초대하고 싶은가요? 내가 초대하고 싶은 존재를 떠올려봅니다. 이제 세 번을 세면, 이 존재가 마당으로 들어서게 될 겁니다. 세 번을 세겠습니다. 하나, 둘, 셋! … 마당에 초대하고 싶은 존재가 마당 안으로 들어섰습니다. 내가 권하는 곳으로 앉습니다.

자기 부정을 이겨 낸 타오 이야기

이 존재와 나는 대화를 나눕니다. 어떤 대화가 오고 가는지 그대로 들어보시기 바랍니다. … … … 이제 대화를 마무리 짓습니다. 작별 인사를 합니다. 지금, 이 느낌을 그대로 간직한 채 이제 세 번을 세면 지금, 이 순간으로 돌아와서 눈을 뜨면 됩니다. 내 마음의 마당은 지금 이 모습 이대로 항상 이곳에 있습니다. 자, 이제 세 번을 세겠습니다. 하나, 둘, 셋!

타오는 자신이 체험한 것을 얘기해주었다.

"작은 집이 한 채 있는데, 주변은 다 광활한 마당이었어요. 많이 스쳐 지나간 사람이 보였는데, 내 삶에서 그런 사람이 많구나 싶었어요. 살아있는 사람, 죽은 사람도 모두 다 왔어요. 셀 수 없이 많아요. 21살 때 처음으로 겪은 사고인데요. 오토바이 사고가 나서 죽은 친구가 있었는데 지금 만났어요. '그동안 잘 지냈어? 네가 있는 곳은 어때?'라고 물어봤어요. '썩 좋지 않아. 네가 더 행복해 보인다.'라고 친구가 말했어요. 그리고 엄청 많은 이들과 대화를 나누느라 정신이 없었어요. '다들 살아있었구나! 왜 연락을 잘 안 했냐?' 그런 말을 하고 있었어요. 따뜻한 느낌이었어요. 내가 이렇게 많은 이들을 알고 초대했다니! 그동안 전국을 돌고 돌았다는 느낌이 듭니다. 대한민국 국민의 1/3이 온 것 같아요."

내 마음의 마당

광활한 마당에서 무수히 많은 이들을 만났다는 타오. 특히 오토바이 사고로 죽은 옛 친구를 만났는데, 그 친구는 오히려 현생에 있는 타오가 행복해 보인다고 했다는 것이다. 반가운 이들이 모두 모인 마당에서 서로 얘기를 나누면서 따뜻했다고 하는 타오. 현실 속에서 타오는 오랫동안 고립된 생활을 해왔다. 친척이나 어머니를 찾아가지도 못했다. 많은 이들과 만나고 정겹게 지내고 싶은 타오의 속마음이 전해져왔다. 방금 경험한 이 장면을 통해 얻은 내면의 메시지 혹은 깨달음을 말해보자고 했다.

"'넌, 좋은 사람이야. 네가 해준 것만큼 알게 모르게 행복한 기쁨의 순간들이 있었다.'라는 메시지로 느껴집니다. 나를 위해 돌을 던졌지만, 후회하는 사람이 있고, 좋은 사람도 있고, 반갑다는 사람도 있고요. 인연을 가진 사람들이 너무나 많아요. 생각해보니까 꽤 많이 여성들도 있었어요. 그렇게 많이 만났어요."

살아오면서 만났던 사람들이 타오한테 긍정의 말들, 응원의 메시지를 보내고 있었다. 살아있는 이도 있지만, 이미 다른 세상으로 간 이들도 있다. 타오를 알고 있는 많은 이들이 이렇게 말하고 있다. 타오, 넌 좋은 사람이야!

타오는 마지막 순간까지 '긍정의 깨달음의 문'을 열고 있었다. 어떻게 이런 타오를 축복하지 않을 수가 있을까!

자기 부정을 이겨 낸 타오 이야기

이제 마무리를 할 차례였다. 프로그램 직전에 했던 대로 다섯 가지 심리검사를 하고, 피드백 용지를 건넸다. 피드백 용지는 타오가 직접 적게 했다. 총 10회기 모두 잘 참여하고 프로그램을 진술하게 잘 해낸 것을 축하했다. 타오는 10회기 통틀어 느낀 참여 소감을 이렇게 말했다.

"사람들은 누구든지 똑같지 않고 저마다 인생이 있지만, 이 프로그램은 모두에게 다 필요한 시간입니다. 이 프로그램 과정을 모두가 겪었으면 합니다. 누구든지요. 더 늦기 전에요. 특히 십 대들한테도 얘기해주고 싶은 것이 있어요. '바닥을 치고 날아가는 겁니다.'"

타오는 참으로 감사하게도, 자신 안의 15살. 거대한 충격 속에 빠져서 언제나 울고 있던 십 대의 내가 방금 말한 것처럼 바닥을 '탁' 치고 날아오르는 것을 바라볼 수 있게 되었다.

노숙자 자활시설 내 프로그램실 문을 나서기 전에 타오가 카드 한 장을 건넸다. 전에 말했던 '카드'를 골랐다는 말이 바로 이 카드였던 것이다. 나는 고맙다는 말과 함께 내가 준비한 선물을 드렸다. 자가치유서 《당신의 마음을 글로 쓰면 좋겠습니다》라는 책과 그 책을 직접 활용할 때 필요한 색연필 한 다스를 선물했다. 이제, 이

책을 포함해서 그동안 마음을 여행했던 기록들을 활용하는 것은 온전히 타오의 몫이었다. 그 사실을 말해주자 타오는 고개를 끄덕였다. 타오는 꾸벅 고래를 숙이고는 문을 열고 나갔다.

그렇게 프로그램을 마치고 돌아와서 타오가 건네준 카드를 펼쳐 보았다. 고깔모자를 쓴 돌고래가 선물을 들고 있었다. 그 옆에 노란 병아리가 팡파르를 연주하는 그림이 그려져 있었다. 사랑의 음표들이 울려퍼지고, 이 둘은 앞으로 행진하고 있었다. 정성스럽게 쓴 타오의 글과 형광펜으로 큰 하트와 다섯 개 별이 그려져 있었다.

'감사하고, 고맙습니다. 저를 알게 해주신 빛의 선물, 정말로 고맙습니다. 저를 다시 성장하게 해주신 선생님. 기쁨과 행복을 가진 채 살아나가겠습니다.'

자기 부정을 이겨 낸 타오 이야기

마음의 빛을 찾아서 - 참여소감

타오 님의 심상 시치료 '마음의 빛을 찾아서' 프로그램의 목적은 다음과 같습니다.

> 자신의 내면을 탐색함으로써 살아나갈 수 있는 근원적
> 힘을 자각하고 이를 체득한다.

본 12회기를 통해 심상 시치료 프로그램이 위 목적과 얼마정도, 몇 퍼센트 부합되었다고 생각하는지, 또 그렇게 생각하는 이유는 무엇인지 솔직하게 적어보시기 바랍니다.

> : 100%. 누구나 다 금수저는 아니다. 그렇다고 흙수저도
> 아니다. 다만 환경에 적응하는 과정일 뿐. 누군가 좀 더
> 일찍 알려준다면 좋은 사람이 될 것 같다.

본 심상 시치료 프로그램 '마음의 빛을 찾아서'를 통해 얻게 된 점을 적어보시기 바랍니다.

> : 나 자신을 알게 되는 길이다. 내 속에 잠재 능력을 알
> 수 있게 하는 매우 훌륭한 시간이다.

참여 소감

심상 시치료사한테 해줄 말씀을 자유롭게 적어주시기 바랍니다.

　　: 초등학생 때부터 상처를 받기 전부터 이 프로그램을
하면 좋겠다. 그러면 많은 이들이 상처를 덜 받거나 극복
하면서, 서로 상처를 주지 않으며 행복한 삶을 살아나갈
수 있을 것이다.

　일주일 뒤, 나는 노숙인 자활 시설의 담당자한테 검사 결과를 보
내면서 통화를 했다. 담당자는 타오가 사흘 전에 집을 구했고, 그
렇게 시설을 떠나 완벽하게 자립에 성공했다고 알려왔다.

척도 명	프로그램 전	프로그램 후
자기성찰지능 척도	117(중)	173(상)
자가평가우울 척도	64 (중등도의 우울증)	26(정상)
자기효능감 척도	67(중)	117(상)
자아존중감 척도	13(하)	39(상)
불안 척도	54 (극심한 불안상태)	11(정상)

나가는 글

마음 여행의 터널을

빠져나오며

이 책은 여행을 기록한 글입니다. 마음 여행을 완주한 아주 독특한 기록이지요. 여행을 하기에 마음의 대지는 늘 평탄하지만은 않습니다. 여정 또한 쉽지 않지요. 바닥을 알 수 없는 웅덩이에 빠지기도 하고, 깊은 동굴을 헤매기도 합니다. 어둑해진 길 위에서 엄습하는 불안에 몸서리치기도 합니다. 그렇더라도 포기하지 않고 여행을 멈추지 않다 보면 깨닫게 됩니다. 피하지 않고 어둠 속을 걸어가다 보면 결국에는 빛을 만날 수 있다는 사실을요. 그러니 어둠의 정체는 동굴이 아니라 터널입니다. 어떤 곳에서 시작해 다른 곳으로 넘어갈 수 있는 터널 말입니다. 결국 터널을 통과하는 것이야말로 성장이라는 사실 또한 깨닫게 됩니다. 그것은 어둠 안으로 들어가서야 비로소 경험할 수 있는 일입니다.

처음 가보는 길이 그렇듯 신기하고 두렵습니다. '마음 여행'도 그렇습니다. 마음 안으로 들어간다니 어쩐지 썩 마음이 내키지 않았

마음 여행의 터널을 빠져나오며

습니다. 그렇지만 고생하면서 오른 곳에는 놀랄만한 장관이 눈앞에 펼쳐져 있었습니다. 훌륭한 풍광이 그렇듯이 신의 놀라운 작품을 마주하게 된 것입니다. 그리고 이내 모든 것에 신의 숨결이 스며들어 있다는 것을 알아차리게 됩니다.

여행은 험난한 산과 깊은 호수, 거침없이 흐르는 계곡물과 엄격해 보이는 바위를 만나기도 합니다. 가파르고 좁은 길, 질척이는 진흙과 뾰족한 돌멩이가 널려 있는 길을 걸어가야만 합니다. 그렇게 걷다 보면 마침내 터널과 마주치게 됩니다. 한 걸음을 터널 안으로 내딛습니다. 어둠이 한가득 담긴 터널이지만, 걸어 나갈 용기를 낼 수 있었던 건 우연이 아니었습니다. 마치 지금 이 책을 펼쳐 든 여러분과 저, 혹은 만나기 이전부터 이미 만난 여러분과 저처럼요. 그렇게 터널 끝에 다다르면 점차 퍼지는 환한 빛 안으로 들어서게 됩니다. 그러니 결국 이 마음 여행의 목적지는 바로 '빛'인 셈입니다.

인간의 마음에는 '빛'이 존재합니다. 인간의 속명 '호모'에 빛이라는 라틴어를 붙이면 '호모룩스Homo lux'가 됩니다. 이 특별한 여행을 함께 할 수 있어서 정말 기쁩니다. '호모 룩스'의 아우라를 만나러 오신 당신의 손을 가만히 잡아 드립니다.

마음 여행은 사실 설렘보다 두려움이 컸습니다. 내 마음을 도무지 나도 종잡을 수가 없을 때가 많았기 때문입니다. 마음 안에 도

자기 부정을 이겨 낸 타오 이야기

대체 뭐가 있을지 몰라서 바깥에만 시선을 돌리곤 했습니다. 이유를 밖에서 찾자니 안으로는 셀 수 없이 많은 불평과 불만이 쌓여만 갔습니다. 세상은 비틀어지고 냉혹하고 모순투성이였지요. 마음 따위는 팽개치고 해야 하는 일에만 집중하기도 했습니다. 때로는 하던 일도 무의미해져서 포기하고 싶기도 했습니다. 그러니 마음 여행은 엄두도 낼 수 없는 여행이었습니다.

그렇게 엉망진창으로 살았던 내게 마음 여행 티켓이 주어졌습니다. 욕심만 가득 찬 내 손에 도대체 누가 놓아두었을까요? 티켓은 유통기한이 분명했습니다. 내가 숨 쉬고 있는 동안이었습니다. 그때가 언제까지인지는 모르겠지만 말입니다. 유통기한이 아직 남아 있던 어느 날, 용기를 내어 마음 여행을 떠났습니다. 생각한 것보다 더 끔찍했고 더 아팠지만, 찬란했습니다. 터널을 마주할 때는 걸음이 얼어붙어서 앞으로 더 나아갈 수도 없었지요. 어둠은 나를 옥죄고 걸음을 멈추라고 명령을 내리는 듯했지만, 그것은 사실이 아니었습니다. 내가 어둠에 짓눌러서 어둠에 복종하며 타협하려고 든 것이었지요. 그것을 알아차린 순간부터 걸음에 가속이 붙기 시작했습니다. 절대 걷힐 것 같지 않던 암흑이 서서히 옅어졌습니다. 그것은 터널 끝에서 매달려있던 빛 때문이었습니다. 빛은 어둠을 콕 찌르는 바늘만 하다가 점점 커지고 있었습니다. 걸어갈수록 빛은 바늘에서 방망이, 접시, 공, 달 모양으로 변해갔습니다. 암흑이 입을

마음 여행의 터널을 빠져나오며

막으며 뒷걸음질 치고, 빛은 마침내 '문'이 되어서 맞이해 주었습니다. 그것은 놀랍게도 새로 태어난 순간이기도 했습니다. 아름답고 고귀한 순간이었지요. 지금, 이렇게 '마음의 빛 여행기'를 손에 들고 함께 온 당신도 이 문을 통과하고 있습니다.

터널을 통과한 이 독특한 여행담은 끝이 아닙니다. 주어진 삶만큼, 성장을 응원하는 기운을 담고 터널들이 존재합니다. 하나의 터널을 통과할 때마다 장중하고 고귀한 선율로 연주하는, 들리지 않는 하늘의 오케스트라를 만나게 됩니다. 여기, 빛의 문 어귀에 이르러 울려 퍼지는 축복의 화음에 발을 맞춰서 우리 함께 행진해 볼까요?

자기 부정을 이겨 낸 타오 이야기

*** 심상 시치료: 심상 시치료Simsang-Poetry-Therapy는 통합 예술 · 문화 치유로 감성과 감수성의 힘으로 마음의 회복과 성장, 성찰과 통찰을 함으로써 궁극적으로 영혼을 치유하는 것을 목적으로 하며, 2011년부터 학계에서 공식 인정을 받았으며, 계속 발전하고 성장하는 정신·심리치료이다.

*** 프로그램 기법: 프로그램 기법은 우리 문화·예술을 활용한 심상 시치료로 2021년 오도스 출판사에서 출간한 《치유의 빛 ─ 우리 문화 예술 속에 담긴》 책에 나와 있는 기법으로 진행하였다.

*** 내담자한테 사용한 심리검사에 대하여: 스트레스는 인간이 적응하기 어려운 환경에 처할 때 느끼는 심리적, 신체적 긴장 상태를 말하며 지각된 스트레스 척도를 한국 실정에 맞게 번안한 박준호, 서영석의 도구를 사용하였다. 준Zung의 자기 평가 우울척도는 가장 널리 사용되는 성인 우울증의 검진 척도로 우울의 증상을 심리적 및 생리적인 우울로 구분한 대표적인 척도이며, 준Zung의 척도를 토대로 개발한 한국형 자가평가 우울척도를 사용하였다. 불안 척도는 불안의 인지, 정서, 신체적 영역을 측정하면서 우울로부터 구별하기 위한 척도로 벡

Beck이 개발하고 권석만이 번안한 척도를 사용하였다. 자기 효능척도는 자신의 능력을 스스로 믿는 정도를 나타낸 것으로 김아영, 차정은의 것을 김아영이 수정한 일반적 자기효능감 척도를 사용하였다. 자아존중척도는 개인이 스스로 지각하는 자기 자신에 대한 평가의 정도와 자기수용 정도를 측정하는 도구로 로젠버그가 개발하고 전병재가 번안한 척도를 사용하였다. 자기성찰 지능은 안체윤, 오미경의 성인용 자기성찰 지능 척도를 사용하였다. 이는 자기 자신의 정서와 능력에 대해 이해하고 조절하며 미래를 설계하는 능력으로 모든 지능의 작용에서 기본이 되고 다른 지능들을 활성화하는 동인으로써 개인의 자아실현을 위해 매우 중요한 지능을 의미한다.